다시 시작하는 영어

다시영

200패턴
영어회화

다시 시작하는 영어
200패턴 영어회화

초판 1쇄 발행 2017년 9월 19일
2판 1쇄 인쇄 2024년 9월 2일
2판 1쇄 발행 2024년 9월 12일

지은이   전리나
발행인   임충배
홍보/마케팅   양경자
편집   김인숙, 왕혜영
디자인   정은진
펴낸곳   도서출판 삼육오(Pub.365)
제작   (주)피앤엠123

출판신고 2014년 4월 3일
등록번호 제406-2014-000035호

경기도 파주시 산남로 183-25
TEL 031-946-3196 / FAX 031-946-3171
홈페이지 www.pub365.co.kr

ISBN 979-11-92431-75-8 13740
© 2024 전리나 & PUB.365

다시 시작하는 영어

다시영

저자 전리나

200패턴
영어회화

PUB웅오

머리말

참 오랫동안, 그리고 앞으로도 우리를 힘들게 할 '영어'

잘하고 싶으시죠?

우리가 그 많은 시간 영어를 배우는 이유가 취직, 어학연수, 유학, 이민 등이 있지만 가장 큰 이유는 '말하기' 바로 '소통'을 위해서 입니다.

사람과 사람이 만나 가장 먼저 할 수 있는 것이 말하기입니다.

저는 여러분 모두가 "How are you?" "I'm fine, thank you, and you?"에서 벗어나길 바라며 이 책을 썼습니다.

남들 다 있는 시험점수. 정말 원해서 공부하셨나요?

그리고 그 점수들이 여러분의 말하기에 어떠한 도움을 주었나요?

그 어떤 과목도 그렇지만, 특히 영어 공부는 즐거워야 합니다.

글로벌 시대를 이미 지나 서고 있는 지금, 우리에게 영어는 필수가 되었습니다.

10년 동안 영어 회화 강의를 해 오면서 한국 사람들이 가장 흥미를 보이고 쉽게 받아 들이는 것이 바로 패턴식 학습이었습니다.

이것은 자칫하면 지루할 수 있는 영어 공부를 즐겁게 공부하는 방법을 연구하고 저 역시 영어 회화를 즐겁게 접하는 방법이었습니다. 문법 설명을 떠나 영어 자체를 자연스럽게 받아 들일 수 있는 패턴영어 방식은 여러분께 큰 도움이 될 거라 믿어 의심치 않습니다.

이 책은 다양한 일상을 200가지로 나누고 그 일상 속 가장 많이 사용하는 말을 연구해 네이 티브의 언어로 영어 패턴 200개를 생각하고 또 생각하며, 좀 더 자연스럽고 부드러운 영어 를 표현하실 수 있도록 준비하였습니다.

억지로 공부하지 마세요, 모든 일은 그리고 배움이란 건 즐거워야 합니다.

그리고

이 책 마지막 장을 넘길 때 지금껏 단 한 번도 보지 못했던,

여러분 입에서 술술 터져 나오는 200가지 패턴을 직접 확인하시길 바랍니다.

저자 전리나

이 책의 특징

1. 200개 상황별 패턴으로 영어 회화 마스터

일상생활에 꼭 필요한 200가지의 다양한 상황에 대하여 영어로 쉽게 말할 수 있습니다.

2. 들고 다니는 말하기 훈련북

무료로 제공되는 MP3를 들으며 패턴 훈련을 언제 어디서나 할 수 있습니다.
(훈련용 MP3 및 훈련북 제공)

3. 저자 직강 강의

패턴을 이용한 기초 영어 회화 강의를 무료로 제공해 드립니다.

4. 회화의 기본은 단어

본문의 주요 단어 이외 유사 상황에 대해 대처할 수 있도록 추가 단어를 별도로 정리하였습니다.
(단어장 제공)

5. 외국 문화 이해하기

외국어를 배우기 위해서는 그 나라의 문화를 이해하는 것이 크게 도움됩니다.
콩글리시도 바로잡고 영문화 이야기도 들어보면서 긴장을 살짝 풀어보세요.

* 홈페이지 www.pub365.com에서 강의 및 훈련용 MP3, 단어장 및 훈련북 무료 다운로드

목차

이 책의 구성

이 책으로 **20개 일상 생활 주제**에 대해
200개의 회화 패턴으로
영어 회화를 쉽게 말할 수 있습니다.

POINT 1

나의 현재 실력 점검

제시되는 짧은 문장도 막상 말을 해보려 하면 머릿속이 지우개가 되기 일쑤입니다.
이번에 배울 내용에 대해 사전 점검해보세요.

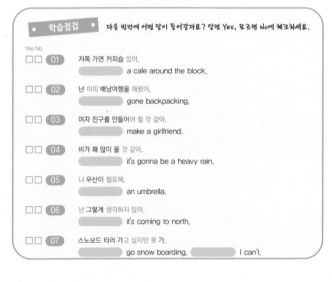

학습점검 다음 빈칸에 어떤 말이 들어갈까요? 알면 Yes, 모르면 No에 체크하세요.

Yes No
□ □ **01** 저쪽 가면 커피숍 있어.
　　　　　 a cafe around the block.

□ □ **02** 난 이미 배낭여행을 해봤어.
　　　　　 gone backpacking.

□ □ **03** 여자 친구를 만들어야 할 것 같아.
　　　　　 make a girlfriend.

□ □ **04** 비가 패 많이 올 것 같아.
　　　　　 it's gonna be a heavy rain.

□ □ **05** 나 우산이 필요해.
　　　　　 an umbrella.

□ □ **06** 난 그렇게 생각하지 않아.
　　　　　 it's coming to north.

□ □ **07** 스노보드 타러 가고 싶지만 못 가.
　　　　　 go snow boarding, 　　　 I can't.

POINT 2

기본 패턴 학습

무턱대고 패턴을 학습하는 것이 아니라 실제 일상 생활에서 나올만한 대화 중에서 기본 패턴을 추출하였습니다.

---

001 맑은 날씨 (A Sunny Day)

Let's ... / ~하자

· 가볍게 무엇을 하자고 말할 때 쓸 수 있는 Let's입니다. 가까운 친구나 동료, 가족에게 사용하기 유용하네요.

👍 **회화 톡!**

😊 좋은 날씨에 UP된 당신! 친구와 한강에 가려고 하는데...

A It's a sunny day. Let's go to Han-River!
　　날씨 좋네. 한강 가자!

B Why not.

POINT 3

패턴 연습

기본 패턴이 들어간 다른 표현들을 학습할 수 있게 정리했습니다. 짧고 쉬운 문장으로 정리하였으니 가능하면 외워보세요!

패턴 꽉!

	go snowboarding.	연습보드 타러 가
	get together sometime.	언제 한번 같이 놀
Let's	eat out.	외식 (하)자.
	be honest.	솔직해지
	take a bus.	버스 타

연습 꾁!

Let's talk about it.	그것에 관해 이야기하자.
Let's talk about it now.	지금 그것에 관해 이야기ㅎ
Let's talk about it next week.	다음 주에 그것에 관해 이

14

POINT 4

확장 연습

기본 패턴을 활용하여 말을 조금씩 늘려나가는 방법을 알아봅니다. 항상 짧게만 말하는 것이 아니라 여러 가지 수식어를 붙여 길게 말해보자고요.

POINT 5

문화를 알아야 영어를 이해한다!

영어를 잘하려면 현지에 들어가 직접 말도 해보고 그 나라 문화도 이해해야 더욱 빨리 학습할 수 있습니다.
우리가 흔히 쓰고 있는 표현 중 콩글리시도 바로 잡아 보자고요.

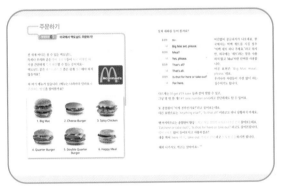

POINT 6

최종 점검

지금까지 총 200개의 기본 패턴을 공부하였다면 최종 점검하여 확실하게 마무리 해봐야지요. 각 패턴별 1개 문장이 출제되니 만약 모르는 부분이 있었다면 반복 학습하세요.

Part 01 계절/날씨 (Seasons/Weather)

01 난 이미 점심 먹었어.
　　　had lunch.

02 매일 비타민을 먹는 게 좋을 거야.
　　　take some vitamins every day.

03 속도를 좀 줄여야 할 것 같아.
　　　slow down.

04 언제 한번 같이 놀자.
　　　get together sometime.

01 계절/날씨

처음 만났을 때 날씨 이야기로 자연스럽게
시작해보세요.

맑은 날씨 / 흐린 날씨 / 황사 / 비 오는 날 /
태풍 / 봄 / 여름 / 가을 / 겨울 / 눈

MP3

Yes No

☐☐ 01   저쪽 가면 커피숍 있어.
　　　　　□□□□□□ a cafe around the block.

☐☐ 02   난 이미 배낭여행을 해봤어.
　　　　　□□□□□□ gone backpacking.

☐☐ 03   여자 친구를 만들어야 할 것 같아.
　　　　　□□□□□□ make a girlfriend.

☐☐ 04   비가 꽤 많이 올 것 같아.
　　　　　□□□□□□ it's gonna be a heavy rain.

☐☐ 05   나 우산이 필요해.
　　　　　□□□□□□ an umbrella.

☐☐ 06   난 그렇게 생각하지 않아.
　　　　　□□□□□□ it's coming to north.

☐☐ 07   스노보드 타러 가고 싶지만 못 가.
　　　　　□□□□□□ go snow boarding, □□□□□□ I can't.

☐☐ 08   집에 있는 게 좋을 것 같아.
　　　　　□□□□□□ stay home.

☐☐ 09   샌드위치 먼저 만들자.
　　　　　□□□□□□ make some sandwiches first.

☐☐ 10   넌 분명히 괜찮을 거야.
　　　　　□□□□□□ you'll be fine.

OO1 맑은 날씨 (A Sunny Day)

Let's ... / ~하자

• 가볍게 무엇을 하자고 말할 때 쓸 수 있는 Let's입니다. 가까운 친구나 동료, 가족에게 사용하기 유용하네요.

회화 톡!

💬 좋은 날씨에 UP된 당신! 친구와 한강에 가려고 하는데...

A It's a sunny day. **Let's** go to Han-River!
날씨 좋네. 한강 가자!

B Why not?
그래 좋아.

A **Let's** make some sandwiches first.
샌드위치 먼저 만들자.

B Do we have to go grocery shopping?
우리 마트 가야 하나?

패턴 꽉!

Let's	go snowboarding.	보드 타러 가	
	get together sometime.	언제 한번 같이 놀	
	eat out.	외식	(하)자.
	be honest.	솔직해지	
	take a bus.	버스 타	

연습 꽉!

Let's talk about it.	그것에 관해 이야기하자.
Let's talk about it now.	지금 그것에 관해 이야기하자.
Let's talk about it next week.	다음 주에 그것에 관해 이야기하자.

14 •

002 흐린 날씨 (A Cloudy Day)

I need ... / ~가 필요해

- I want가 '~을 원한다.'라면 I need는 '무엇이 필요하다.'로 해석됩니다.

 회화 툭!

💬 흐린 날. 곧 비가 올 것 같은데...

A It's cloudy today.
오늘 좀 흐리네.

B It's probably going to rain soon.
아마 곧 비가 올 걸.

A I need an umbrella. Do you have one?
나 우산 필요해. 넌 있어?

B No, I dont.
아니. 없어.

패턴 꽉!

	someone.	난 누군가	
	your advice.	네 조언이	
I need	your help.	네 도움이	필요해.
	a rest.	휴식이	
	my money back.	(돌려줘) 내 돈이	

 연습 꼭!

I need something to eat.	뭔가 먹을 게 필요해.
I need something to eat for lunch.	점심때 먹을 게 필요해.
I need something to eat for lunch and dinner.	점심이랑 저녁때 먹을 게 필요해.

003 황사 (The Yellow Dust)

It's a good idea to ... / ~하는 게 좋을 거야.

· 'You should'와 흡사한 표현이지만 should 보다는 조금 덜 부담을 주는 패턴인데요. It's a good idea + 동사원형을 사용하면 됩니다.

 회화 톡!

💬 매년 찾아오는 황사. 친구에게 어떻게 대비할지를 묻는데...

A The yellow dust is terrible.
황사가 심하네.

B It's a good idea to stay home.
집에 있는 게 좋을 것 같아.

A Anything else?
다른 건?

B It's a good idea to wear long sleeves.
긴팔을 입는 게 좋을 거야.

패턴 꽉!

It's a good idea to	take some vitamins every day.	매일 비타민을 먹는	
	go to bed early.	일찍 자는	
	keep your dream.	네 꿈을 계속 갖고 있는	게 좋을 거야.
	save your money.	돈을 모으는	
	call the police.	경찰을 부르는	

연습 꽉!

It's a good idea to bring Rina here.
리나를 데려오는 게 좋을 거야.

It's a good idea to write down what you want to buy.
사고 싶은 것을 적는 게 좋을 거야.

It's a good idea to review.
복습하는 게 좋을 거야.

004 비 오는 날 (A Rainy Day)

It seems like ... / ~인 것 같아, ~인 것처럼 보여.

· 문법적으로는 It seems that이 맞는 표현이지만, 회화에서는 주로 like가 사용되며 like 뒤에는 주어 + 동사를 사용합니다.

회화 톡!

💬 비 오는 날을 좋아하는 당신. 하지만 창문을 열고 나온 것 같아 걱정인데...

A **It seems like** it's gonna rain.
비가 올 것 같아.

B Do you like rainy days?
비 오는 날 좋아해?

A Yeah. But I'm worried because **it seems like** it's gonna be a heavy rain.
응 근데 좀 걱정되네. 왜냐하면, 비가 꽤 많이 올 것 같아.

B Maybe.
그럴 수도.

패턴 꽉!

	yesterday.	마치 어제인
	I'm dreaming.	꿈을 꾸고 있는
It seems like	you are ready.	너는 준비된 것 같아.
	everything is alright.	모든 게 괜찮은
	it's a big problem.	이건 큰 문제인

연습 꾁!

It seems like nothing.   아무것도 아닌 것 같아.

It seems like it might snow.   눈이 올 것 같아.

It seems like a great deal.   대단한 거래인 것 같아.

005 태풍 (A Typhoon)

I don't think ... / ~것 같지 않아.

• '~할 것 같지 않아.'라고 말할 때 사용하는 패턴으로 I think의 반대의 표현이라고 생각 하면 됩니다.

회화 톡!

💬 곧 태풍이 올 거라는 뉴스를 본 당신

A A Typhoon started to blow.
태풍이 불기 시작했어.

B I don't think so.
아닌 것 같은데.

A I heard from the news and it says typhoon is moving to north.
뉴스 봤는데, 태풍이 북쪽으로 오고 있데.

B I don't think it's coming to north.
남쪽으로는 안 올 것 같아.

패턴 꼭!

I don't think	it's a good idea.	이건 좋은 생각인	것 같지 않아.
	I can make it.	내가 해낼 수 있을	
	I can do that.	내가 할 수 있을	
	it will ever happen.	그런 일은 결코 일어날	
	it will rain.	비가 올 것	

연습 꼭!

I don't think I have time.	시간이 없을 것 같아.
I don't think I have time to do that.	그 것을 할 시간이 없을 것 같아.
I don't think I have time to call you.	너한테 전화를 할 시간이 없을 것 같아.

006 봄 (A Spring Day)

I've already ... / 이미 ~했어.

· "난 이미 ~을 했다/끝냈다"라는 뜻으로 I've already + 과거분사를 사용해 문장을 완성합니다.

 회화 톡!

💬 봄을 만끽하기 위해 친구들과 배낭여행을 떠나려 하는 당신

A Why don't we go for backpacking?
배낭여행 가는 게 어때?

B That's a good idea. Let's ask Rina, too.
좋은 생각이야. 리나한테도 물어보자.

A I've already talked to her.
이미 얘기했어.

B You did? I've already gone backpacking, so I'll make the schedule.
그래? 난 이미 배낭여행을 해 봤으니까 스케줄을 짜 볼게.

패턴 꽉!

	done my homework.		숙제를 끝냈어.
	had lunch.		점심 먹었어.
I've already	done that.	난 이미	그걸 했어.
	asked her.		그녀에게 물어봤어.
	seen the movie.		그 영화 봤어.

연습 꽉!

I've already been there.	난 이미 거기 가봤어.
I've already been there before.	난 이미 저번에 거기 가봤어.
I've already been there before with my family.	난 이미 저번에 가족들과 함께 거기 가봤어.

007 여름 (A Summer Day)

I'm sure ... / 분명히 ~일 거예요.

• 무엇인가 분명하다고 자신 있게 말할 때 사용하는 패턴입니다. 회사에서는 물론 자신의 의견을 표현할 때 쓰일 수 있지요.

👆 **회화 톡!**

💬 다가오는 여름에 일광욕을 한다는 친구. 걱정하고 있는데...

Ⓐ I'm worried about tanning.
태닝 하는 거 걱정돼.

Ⓑ **I'm sure** you'll be fine.
분명히 괜찮을 거야.

Ⓐ You think so?
그렇게 생각해?

Ⓑ Yappy. **I'm sure** you'll look better than now.
응. 태닝하면 지금보다 더 멋져 보일게 분명해.

✌️ **패턴 꽉!**

	I left my laptop on the table.	내가 책상에 노트북을 놓고 온	
	you'll be satisfied.	네가 만족할	
I'm sure	you'll love Rina.	리나를 사랑할	것이 / 게 분명해.
	you'll be hired.	넌 채용될	
	you're my best friend.	네가 나의 가장 친한 친구인	

👆 **연습 꼭!**

I'm sure this is enough.
이것이 충분한 게 분명해.

I'm sure this is enough to cook.
이것이 요리하기엔 충분한 게 분명해.

I'm sure this is enough to make pasta.
이것이 파스타 요리하기에 충분한 게 분명해.

20 •

가을 (A Fall Day)

I think you should ... / 내 생각엔 당신은 ~해야 할 것 같아요.

• 비슷한 표현으로 'I think you must'가 있는데요. should 사용 시 좀 더 부드러운 말투가 되고 must는 무조건임으로 딱딱한 감이 없지 않아 있네요.

회화 톡!

💬 가을 타는 친구를 위로하는 당신!

A I feel lonely these days.
요즘 외로워.

B I think you should make a girlfriend.
여자 친구를 만들어야 할 것 같은데?

A I don't wanna fall in love again.
다시는 사랑에 빠지고 싶지 않아.

B I think you're a little sensitive because it's fall.
가을이라 네가 좀 예민한 것 같네.

패턴 꽉!

I think you should	take a break.	너 좀 쉬어야	할 것 같아.
	see her.	너 그녀를 봐야	
	slow down.	속도를 좀 줄여야	
	know.	네가 알아야	
	give her up.	그녀를 포기해야	

연습 꽉!

I think you should focus on it.　　　　너 집중해야 할 것 같아.

I think you should see a doctor.　　　 너 병원에 가봐야 할 것 같아.

I think you should eat something.　　　너 뭐 좀 먹어야 할 것 같아.

009 겨울 (A Winter Day)

There is (no)... / ~가 있어요(없어요).

· There is + 사람/사물 두 개 다 넣어 사용할 수 있는 패턴이에요.

회화 툭!

💬 두 정거장이나 더 걸어가야 하는 당신과 친구. 가까운 커피숍을 찾는데...

A It's winter! It's freezing.
겨울이다! 너무 추워.

B There is a cafe around the block.
저쪽 가면 커피숍 있어.

A Let's grab some coffee then.
그럼 커피 한잔 마시자.

B There's another one around the corner. Choose one!
저쪽에 다른 커피숍도 있어. 어디 갈지 골라봐.

패턴 꽉!

There is	a better way.		더 좋은 방법이	
	a better reason.		더 좋은 이유가	
	a good example.		좋은 예가	있어.
	doggy poo.		개똥이	
There is no	us.		우리는	없어.

연습 꼭!

There is Rina.	저기 리나가 있어.
There is no one here.	여기 아무도 없어.
There is no coffee left.	남은 커피가 없어.

010 눈 (A Snowy Day)

I wish I could ... , but ... / ~할 수 있었으면 좋겠지만...

· "I wish I could."만 사용해서 문장을 만들 수도 있으며 but이 들어갈 경우 '~하고 싶지만 하지 못한다.'라는 말까지 함께 포함됩니다.

 회화 톡!

💬 스노보드를 타고 싶어 하는 친구. 눈이 오지 않아 걱정인데...

A I wish I could see the snow.
눈을 볼 수 있으면 좋겠어.

B Me too. I haven't seen the snow for a while.
그러니까. 눈 못 본 지 너무 오래됐다.

A I wish I could go snow boarding, but I can't.
스노보드 타러 가고 싶지만 못 가.

B It's gonna snow.
눈이 올 거야.

패턴 꽉!

	go there		I can't.	그곳에 가고	못 가.
	have dinner with you		I have to work.	너와 저녁을 먹고	일해야 해.
I wish I could	go to Canada	, but	I have no money.	캐나다에 가고 싶지만	돈이 없어.
	see you		I can't.	너를 보고	못 봐.
	win the lottery		it's impossible.	복권에 당첨되고	불가능해.

연습 꽉!

I wish I could stay longer, but I gotta go now.
더 오래 있고 **싶지만** 지금 가야 해.

I wish I could tell you the truth, but I can't.
사실을 말해주고 **싶지만** 말 못해.

I wish I could drink some Latte, but I'm pregnant.
라떼차를 마시고 **싶지만** 난 임신 중이야.

02 시간/날짜/숫자

서로를 알아가는 시간, 생일도 좋아하는 것도
물어보는 등 관심을 표현하세요.

시간 / 날짜 / 년도 / 계산(숫자) / 계산(쇼핑) / 화폐 /
한국화폐 / 은행 / 주식 / 부동산

MP3

학습점검 다음 빈칸에 어떤 말이 들어갈까요? 알면 Yes, 모르면 No에 체크하세요.

Yes No

☐☐ 01 현금으로 할게요.
　　　 _____ cash.

☐☐ 02 나 쇼핑하느라 100만 원 썼어.
　　　 _____ one million won for shopping.

☐☐ 03 오늘 며칠이야? 5월 1일이야.
　　　 _____ today's date? _____ the first day of May.

☐☐ 04 4명이 살 집 있나요?
　　　 _____ house for four people?

☐☐ 05 7시에 거기 있을게.
　　　 _____ 7:00.

☐☐ 06 상황에 따라 달라.
　　　 _____ the situation.

☐☐ 07 어떻게 도와드릴까요?
　　　 _____ help you?

☐☐ 08 $45.77(45달러 77센트)일 거예요.
　　　 _____ Forty five seventy seven.

☐☐ 09 85년 5월 31일에 태어났어.
　　　 _____ May/Thirty first/Nineteen eighty five.

☐☐ 10 1 더하기 1은 뭐야?
　　　 What does one _____ one _____ ?

I'll pay by / What's, it's / Is there any / How can I / It's gonna be
I was born on / plus, equal / It depends on / I'll be there at / I spent

011 시간 (The Time)
I'll be there ... / 거기 있을게.

• 주로 전화로 약속을 정할 때 사용되는 패턴으로 "몇 시에 거기 있을게"라는 표현입니다.

 회화 톡!

💬 친구와 약속을 잡는 당신. 언제 만날지 시간을 정하는데…

Ⓐ What time are you thinking of?
몇 시로 생각하고 있어?

Ⓑ I'll be there at 7:00.
7시에 거기 있을게.

Ⓐ In the morning?
아침?

Ⓑ No, I'll be there at 7 pm.
아니, 저녁 7시에 거기 있을게.

✌️ **패턴 꽉!**

	at four thirty.	4시 30분에	
	at four ten.	4시 10분에	
I'll be there	at four fifteen.	4시 15분에	거기 있을게.
	at four fifty.	4시 50분에	
	at noon.	정오에	

 연습 꽉!

I'll be there after midnight.   자정 12시 넘어서 거기 있을게.

I'll be there at seven thirty in the morning.   아침 7시 30분에 거기 있을게.

I'll be there before seven forty-five.   7시 45분 전에 거기 있을게.

O12   날짜 (The Date)

What's, It's ... / ~며칠이야?, ~이야.

• '며칠이야'를 물어보는 방법은 다양하다. 아래 패턴 연습으로 확실히 익혀보세요!

 회화 톡!

💬 날짜 말하는 연습을 하는 당신...

A What's the date today?
오늘 며칠이야?

B It's the third day of March.
3월 3일이야.

A What's today's date?
오늘 며칠이야?

B It's the first day of May.
5월 1일이야.

A What date is it today?
오늘 며칠이야?

B It's the thirty-first day of December.
12월 31일이야.

패턴 꽉!

	the last day of May.	5월 31일	
	May second.	5월 2일	
It's	June fifteenth.	6월 15일	이야.
	September 4th.	9월 4일	
	October 5th.	10월 5일	

연습 꼭!

It's November Third.	11월 3일이야.
It's December Twenty second.	12월 22일이야.
It's January first.	1월 1일이야.

013 년도 (The Year)

I was born in/on ... / 저는 ~에 태어났어요.

• 년도를 읽는 방법을 연습해 보아요.

👆 **회화 톡!**

💬 새로 알게 된 친구에게 생일을 물어보는 당신

A When is your birthday?
생일이 언제야?

B I was born on May Thirty first Nineteen eighty five.
85년 5월 31일에 태어났어.

A You?
너는?

B I was born on December Twenty fifth Nineteen eighty eight.
나는 88년 12월 25일.

✌️ **패턴 꽉!**

	Two thousand five.	2005년	
	Nineteen eighty.	1980년	
I was born in	Nineteen sixty.	1960년	에 태어났어.
	Nineteen seventy nine.	1979년	
	Nineteen eighty three.	1983년	

👆 **연습 꽉!**

I was born on February 14, 1989.	1989년 2월 14일 날에 태어났어.
I was born on March 14, 1990.	1990년 3월 14일 날에 태어났어.
I was born on May 5, 1995.	1995년 5월 5일 날에 태어났어.

28 •

계산(숫자) Calcuation(Numbers)

... plus ... equals ... / 1 + 1 = 2

• 숫자를 이용해 계산할 때 사용되는 용어입니다.

회화 톡!

💬 계산법을 물어보는 당신

A Can you help me?
좀 도와줄래?

B What is it?
뭔데?

A What does one **plus** one **equal**?
1 더하기 1은 뭐야?

B It's Cutey!
귀요~미!

패턴 꽉!

Five	plus	five		ten.	5	+	5		10
Twenty two	minus	eleven		eleven.	22	−	11		11
Three	times	three	equals	nine.	3	×	3	=	9
Ten	divided by	two		five.	10	÷	2		5
Seven	plus	two		nine.	7	+	2		9

연습 꽉!

10 plus 10 plus 10 equals 30. $10 + 10 + 10 = 30$

100 minus 50 minus 10 equals 40. $100 - 50 - 10 = 40$

1000 plus 1 equals 1001. $1000 + 1 = 1001$

015 계산 (쇼핑) Calcuation(shopping)

I'll pay by/with ... / ~로 계산할게요.

- '~으로 계산하겠습니다.'라고 말할 때 사용합니다. 외국에서 쇼핑할 때 자주 사용될 수 있으니 외워두도록 합시다.

회화 톡!

💬 쇼핑을 나온 당신. 계산 중인데...

A How would you like to pay?
계산은 어떻게 하시겠어요?

B I'll pay by cash.
현금으로 할게요.

A The total comes out to be one twenty five.
125불 나왔습니다.

B Oops sorry. I'll pay by my Visa card.
앗! 죄송해요. 비자카드로 할게요.

패턴 꽉!

	my check card.	체크카드	
	cash.	현금	
I'll pay with	a credit card.	신용카드	(으)로 계산할게요.
	a debit card.	직불카드	
	card and cash.	현금이랑 카드	

연습 꼭!

I'll pay by installment.   할부로 계산할게요.

I'll pay in a lump sum.   일시불로 계산할게요.

I'll pay with American Express.   아메리칸 익스프레스로 계산할게요.

016 화폐/달러 (Money/Dollar)

It's going to be/gonna be ... / ~일 겁니다.

· 쇼핑할 때 마지막에 점원들이 하는 말입니다. Total comes~ '모두 ~입니다'도 있지만 It's gonna be~ '~일 겁니다' 도 자주 쓰입니다. 원어민들은 보통 dollar를 빼고 말해요.

회화 톡!

💬 백화점에서 계산 중인 당신

A How much is it?
얼마죠?

B **It's gonna be** Forty five seventy seven.
$45.77(45달러 77센트)일 거예요.

A Wait, let me get this one, too.
잠깐만요. 이것도 살게요.

B **It's gonna be** Eighty nine seventy five, then.
그러면 $89.75(89달러 75센트) 이네요.

패턴 꽉!

It's gonna be	one hundred eighty.	180달러	
	one thousand and two hundred dollars.	1200달러	
	four hundred and fifty dollars.	450달러	일 겁니다.
	nine hundred and ninety nine dollars.	999달러	
It's going to be	seven twenty five.	7달러 25센트	

연습 꼭!

It's gonna be one ninety nine.	$1.99일 겁니다.
It's gonna be ten eighty five.	$10.85일 겁니다.
It's gonna be six ninety.	$6.90일 겁니다.

화폐(원) Korean Money

I spent ... / ~에 (시간/돈) 썼어.

• 어디에 '시간 또는 돈을 썼다.'라고 말할 때 사용하는 패턴 "I spent"입니다. 이번에 '원'을 말하는 방법도 배워보세요.

🖐 회화 톡!

💬 쇼핑 한번에 100만 원을 썼다는 친구...

A I spent one million won for shopping.
나 쇼핑하느라 100만원 썼어.

B What did you buy?
뭐 샀는데?

A Jeans, shirts, dress... I spent too much.
청바지, 셔츠, 원피스.. 나 너무 많이 썼어.

B That's too bad.
안됐네.

✌ 패턴 꽉!

	seven hours.	7시간이나 투자	했어.
	five days.	5일이나 투자	
I spent	all my money.	내 돈을 모두 다	썼어.
	all my money for that.	그것에 내 모든 돈을 다	
	five hours to finish this.	이걸 끝내는 데 5시간이나	걸렸어.

👆 연습 꼭!

I spent three hours to finish my homework.   숙제 3시간이나 걸렸어.

I spent an hour to eat.   밥 먹는데 1시간이나 걸렸어.

I spent two hours to get there.   거기 가는데 2시간이나 걸렸어.

은행 (Banking Operation)

How can I ... / 어떻게 ~하나요?

· 상대방에게 "무엇을 어떻게 하면 되나요?"라고 물을 때 쓰는 패턴입니다. 머릿속에서 '어떻게'가 생각나면, 무조건 'How'를 사용하세요.

회화 톡!

💬 새 계좌를 열기 위해 은행을 찾은 당신!

A How can I help you?
어떻게 도와드릴까요?

B I'd like to open an account.
계좌를 만들고 싶어요.

A It'll take 1 day to open it.
1일 걸립니다.

B How can I reach you?
어떻게 연락드리면 될까요?

패턴 꽉!

	get there?		거기		가	
	find Rina?		리나를		찾	
How can I	believe it?		그걸	어떻게	믿	나요?
	say that?		그걸		말하	
	forget?		내가		잊	

연습 꽉!

How can I call you? 어떻게 전화하나요?

How can I get pregnant? 어떻게 임신하나요?

How can I ask? 어떻게 물어보나요?

019 주식 (Stock)

It depends on ... / ~따라 달라요.

• 무엇에 따라 다르다고 말할 때 사용되는 패턴. on 뒤에 명사를 넣어 말하면 됩니다.

🖐 회화 톡!

💬 주식을 시작한 당신! 회사 동료에게 주식에 관해 묻는데...

Ⓐ Do you know of any blue-chips?
괜찮은 주식 알아?

Ⓑ **It depends on** how much you put in.
얼마나 넣느냐에 따라 달라.

Ⓐ How much do you put in a month?
한 달에 얼마 투자하는데?

Ⓑ **It depends on** the situation.
상황에 따라 달라.

✌ 패턴 꽉!

	you.	너
	how you act.	네가 어떻게 행동하느냐
It depends on	how hard you study.	네가 얼마나 열심히 공부하느냐　에 따라 달라.
	your taste.	취향
	it.	그것

👆 연습 꽉!

It depends on the weather.	날씨에 **따라** 달라.
It depends on him.	그에 **따라** 달라.
It depends on how he thinks.	그 사람이 어떻게 생각하느냐에 **따라** 달라.

34 •

O2O 부동산 (Real Estate)

Is there any …? / ~이 있나요?

• 무엇이 있는지 물을 때 사용되는 패턴으로, any 뒤에는 아무 명사나 다 와도 됩니다.

 회화 톡!

💬 이사를 위해 부동산을 찾은 당신. 어떤 집을 원하는지 말하는데…

Ⓐ **Is there any** house for four people?
4명이 살 집 있나요?

Ⓑ What kind of house are you looking for?
어떤 집을 찾고 계세요?

Ⓐ An apartment. **Is there any** place I can take a look?
아파트요. 볼 수 있는 집이 있나요?

Ⓑ Wait a second.
잠시만 기다려 주세요.

패턴 꽉!

	way?	방법	
	way to find out?	찾을 방법	이 있나요?
Is there any	way I can help?	제가 도와드릴 방법	
	reason?	이유	
	reason for it?	그것에 이유	라도 있나요?

 연습 꼭!

Is there any problem?	문제가 있나요?
Is there any problem with it?	그것에 문제라도 있나요?
Is there any problem with your boss?	사장님과 문제라도 있나요?

주문하기

미국에서 맥도날드 주문하기!

전 세계 어디든 볼 수 있는 맥도날드.
특히나 우리와 같은 영어 초보자들이 외국 여행할 때
가장 간단하게 식사 해결할 수 있는 곳이지요~
맥도날드 같은 패스트푸드점 쯤은 쉽게 접수해야 하지 않을
까요?

자 여기 메뉴가 있습니다. (메뉴는 나라마다 달라요~)
주문하는 방법을 알아볼까요?

1. Big Mac

2. Cheese Burger

3. Spicy Chicken

4. Quarter Burger

5. Double Quarter
Burger

6. Happy Meal

실제 대화를 들어 볼까요?

종업원	Hi~
나	Big Mac set, please.
종업원	Meal?
나	Yes, please.
종업원	That's all?
나	That's all.
종업원	Is that for here or take out?
나	For here.

어김없이 콩글리시가 나오네요. 한국에서는 빅맥 세트를 시킬 경우 "빅맥 세트 하나 주세요."라고 하지만, 외국에는 '세트'라는 말을 사용하지 않고 'Meal'이란 단어를 사용합니다.
바른 표현은 "Big Mac meal, please." 네요.
우리나라 사람들이 가장 많이 하는 실수이기도 합니다.

다르게는 I'll get / I'll take 등과 같이 말할 수 있고,
그냥 몇 번 한 개(1#1 one number one)라고 간단하게도 할 수 있어요.

또 종업원이 "이게 전부인가요?"라고 물어보는데요.
다른 표현으로는 "Anything else?", "Is that all?"이라고도 하니 당황하지 마세요.

맨 마지막으로는 종업원이 항상 드시고 가실 것인지 가지고 나가실 건지 물어보는데요.
"Eat here or take out?", "Is that for here or take out?"라고도 물어본답니다.
테이크아웃 많이 들어보시고 사용하셨죠?
대충 찍어 'here 여기', 'take out 가지고 간다'라고 눈치껏 말씀하시면 됩니다.

해외 나가서도 먹고는 살아야죠~ ^^

03 일상생활

평소 생활하는 모습을 얘기하고,
상대방의 일상에 대해서도 물어보세요.

대중교통 / 주유소에서 / 자동차 / 장보기 / 온라인 쇼핑 /
백화점 쇼핑 / 선물 / 청소 / 학교 / 도서관

MP3

다음 빈칸에 어떤 말이 들어갈까요? 알면 Yes, 모르면 No에 체크하세요.

Yes No

01 새차를 보고 있어요.
＿＿＿＿＿＿＿ a new car.

02 택시 타고 오면 얼마나 걸려요?
＿＿＿＿＿＿＿ get here by taxi?

03 난 네 건강이 걱정돼.
＿＿＿＿＿＿＿ your health.

04 고양이를 사는 게 좋을지도 몰라!
＿＿＿＿＿＿＿ get a cat!

05 뭔가 매운 거 먹고 싶어!
＿＿＿＿＿＿＿ something spicy!

06 꼭 에세이를 끝내도록 해.
＿＿＿＿＿＿＿ you finish your essay.

07 빨래하지 않아도 돼.
＿＿＿＿＿＿＿ do the laundry.

08 젠장! 나 현금 없네.
Oh, shoot! ＿＿＿＿＿＿＿ cash.

09 이 원피스 얼마에요?
＿＿＿＿＿＿＿ this dress?

10 신발을 볼 수 있을까요?
＿＿＿＿＿＿＿ your shoes?

대중교통 (Public Transportation)

How long does it take to...? / ~하는 데 얼마나 걸리나요?

• 시간에 대해서만 말하는 패턴입니다.

 회화 톡!

💬 이곳에 오려면 얼마나 걸리는지 궁금한 당신.

A **How long does it take to** get here?
여기 오는 데 얼마나 걸려요?

B It takes about an hour and a half.
약 한 시간 반 정도 걸려요.

A **How long does it take to** get here by taxi?
택시 타고 오면 얼마나 걸려요?

B It takes about 20 minutes.
20분 정도 걸려요.

 패턴 꽉!

How long does it take	?	
	get to class?	학원 가
How long does it take to	get to your house?	너희 집에 가 (는데) 얼마나 걸려?
	get to your place?	너 있는데 까지 가
	finish your lunch?	점심 먹

 연습 꼭!

How long does it take to get this?	이거 받는 데 얼마나 걸려요?
How long does it take to finish that?	그거 끝내는 데 얼마나 걸려요?
How long does it take to get here by bus?	여기까지 버스로 얼마나 걸려요?

주유소에서 (At the Gas Station)

I have no ... / 난 ~가 없어요.

· 아주 유용하게 쓰일 I have no 패턴입니다. I don't have 보다 좀 더 가벼운 표현으로 편하게 사용할 수 있답니다.

회화 톡!

💬 한창 친구와 드라이브 중인 당신. 고속도로에서 기름이 없는 걸 알아차리는데...

Ⓐ Man~, **I have no** gas. What should I do?
헐~. 나 기름 없다. 어쩌지?

Ⓑ I think there's one around the corner.
저쪽 돌면 주유소 하나 있을걸.

Ⓐ Oh, shoot! **I have no** cash.
젠장! 나 현금 없네.

Ⓑ No way.
말도 안돼.

패턴 꽉!

I have no	job.			나는	직장	이/가 없어.
	house.				집	
	card.				카드	
	umbrella.				우산	
	boyfriend.				남자 친구	

연습 꽉!

I have no friend.   나는 친구가 없어.

I have no lunch box.   나는 도시락이 없어.

I have no double eyelid.   나는 쌍꺼풀이 없어.

자동차 (Cars)

I'm looking for ... / ~을 찾고 있어요, ~을 보고 있어요.

· 쇼핑할 때 가장 대표적으로 사용되는 패턴입니다. 물건을 구매하는 사람은 I'm looking for, 판매원은 Are you looking for something? "찾고 있는 물건이 있나요?"를 사용해요.

회화 톡!

💬 새 차를 구매하려는 당신. 딜러와 이야기를 나누는 데...

A Welcome to H. May I help you?
H사입니다. 어떤 것을 도와드릴까요?

B I'm looking for a new car.
차 좀 바꾸려 하는데요.

A What kind of model are you looking for?
어떤 모델을 찾고 계시죠?

B I'm looking for model S.
S 모델을 찾고 있어요.

패턴 꽉!

	a job.	일	
	a tutor.	과외 선생님	
I'm looking for	my friend.	제 친구	을/를 찾고 있어요.
	an apartment.	아파트	
	a business partner.	동업자	

연습 꽉!

I'm looking for a pair of shoes.　　　　　　신발을 보고 있어요.

I'm looking for my future wife.　　　　　　제 미래의 아내를 찾고 있어요.

I'm looking for a pair of shoes for my girlfriend.　　여자 친구에게 줄 신발을 보고 있어요.

024 장보기 (Grocery Shopping)

I feel like ...ing / ~하고 싶은 기분이다, ~하고 싶어.

• 여기서 'like'은 전치사. 뒤에 명사, 동사 ing가 올 수 있는데요. 깊게 생각하지 않고 편하게 무엇을 하고 싶을 때 사용하면
된답니다.

회화 톡!

💬 주말이다. 오랜만에 마트에 들러 장을 보려 하는데...

Ⓐ What do you want to eat?
뭐 먹고 싶어?

Ⓑ I feel like eating something spicy!
뭔가 매운 거 먹고 싶어!

Ⓐ How about you?
너는?

Ⓑ I feel like eating something light.
난 좀 가벼운 거 먹고 싶은데.

패턴 꽉!

	crying.	울
	dancing.	춤추
I feel like	going shopping.	쇼핑 (하)고 싶어.
	studying English.	나 영어 공부
	going out tonight.	나 오늘 밤 나가

연습 꾁!

I feel like flying.	날고 싶어.
I feel like drinking.	술 마시고 싶어.
I feel like going home.	집에 가고 싶어.

025 온라인 쇼핑 (Online Shopping)

May I see ...? / 제가 ~을 볼 수 있을까요?

- 무언가 보고 싶다고 말하고 싶을 때 사용할 수 있는 패턴입니다. 예의를 갖춘 말투이므로 꼭 외워두세요.

 회화 톡!

💬 잘못 배송된 물건을 반품하려는 당신. 쇼핑몰에서 어떤 물건으로 도착했는지 묻는데...

A **May I see** your shoes?
신발을 볼 수 있을까요?

B How can I show you this?
어떻게 보여드리나요?

A Can you take pictures of your shoes?
사진을 찍어주실 수 있나요?

B Sure. I'll send it right away.
그러죠. 바로 보내드릴게요.

🤞 **패턴 꽉!**

	this?		이걸 좀	
	your ticket?		티켓	
May I see	this bag?		이 가방	(을) 볼 수 있을까요?
	your ID?		주민등록증	
	your driver's license?		면허증	

 연습 꽉!

May I see you?	당신을 볼 수 있을까요?
May I see you again?	당신을 다시 볼 수 있을까요?
May I see you next Thursday?	당신을 다음 주 목요일에 볼 수 있을까요?

026 백화점 쇼핑 (At a Department Store)

How much is ...? / ~얼마에요?

· 쇼핑할 때 가장 기본적으로 사용하는 패턴입니다. How much is 뒤에는 가격이나 물건을 넣어 말하면 됩니다.

회화 톡!

💬 원피스를 사러 백화점에 간 당신, 직원에게 가격을 물어보는데...

A **How much is** this dress?
이 원피스 얼마에요?

B It's thirty eight dollars and twenty cents.
38달러 20센트($38.20)입니다.

A **How much is** that dress?
저 원피스는요?

B It's ninety eight.
98달러($98)입니다.

패턴 꽉!

How much is	it?		그거	
	the rent?		방세가	
	the rent a month?		한 달 방세는	얼마에요?
	this purse?		이 지갑은	
	the security deposit?		임대 보증금은	

연습 꽉!

How much is your car?　　　　　당신의 차는 얼마에요?

How much is a haircut?　　　　　커트는 얼마에요?

How much is the bigger one?　　더 큰 것은 얼마에요?

선물 (Gift)

Maybe we should ... / ~하는 게 좋을지도 몰라.

• maybe는 아마도, 어쩌면 이라는 뜻으로 100% 아니지만 '아마도 그러는 게 좋을 거다'라고 말할 때 사용됩니다.

회화 톡!

💬 다가오는 친구의 생일! 친구들과 함께 생일 선물을 골라 보는데...

A **Maybe we should** get some kind of gift for Rina.
리나 생일 선물을 사는 게 좋을지도 몰라.

B That's right, but I don't know what to buy.
맞아! 근데 뭐로 살지 모르겠다.

A Hmm.. **Maybe we should** get a cat!
음... 고양이를 사는 게 좋을지도 몰라!

B A kitty? Are you serious?
고양이? 너 진심이야?

패턴 꽉!

Maybe we should	ask.	물어보	는 게 좋을 거야.
	ask again.	다시 물어보	
	tell him.	그에게 말해주	
	finish it by tonight.	오늘 밤 안으로 끝내	
	tell him the truth.	그에게 사실을 말해주	

연습 꽉!

Maybe we should wait.	기다리는 게 좋을 거야.
Maybe we should listen.	들어보는 게 좋을 거야.
Maybe we should go now.	지금 가는 게 좋을 거야.

028 청소 (Clean-Up)

You don't have to ... / ~하지 않아도 돼.

· 상대방에게 '~하지 않아도 된다'고 말할 때 쓰이는 패턴입니다.

회화 톡!

💬 봄을 맞아 가족들과 대청소를 하려는 당신! 담당 구역을 나누는데..

A Alright, let's start with the laundry.
자~ 빨래부터 시작하자!

B **You don't have to** do the laundry.
빨래하지 않아도 돼.

A Oh, yeah? Did you also clean your bathroom?
그래? 화장실은 청소했어?

B Yes, **you don't have to** do anything.
응, 넌 아무것도 안 해도 돼.

패턴 꽉!

	pay.	돈 내	
	go to work.	출근	
You don't have to	see me.	날 만나	(하)지 않아도 돼.
	give it to me.	나한테 주	
	apologize to me.	나한테 사과	

연습 꽉!

You don't have to do that.	그거 하지 않아도 돼.
You don't have to call me.	나한테 전화하지 않아도 돼.
You don't have to do your homework.	숙제하지 않아도 돼.

029 학교 (At School)

make sure ... / 꼭 ~해.

· 중요하거나 꼭 해야 할 일에 대해 말할 때 쓰는 패턴입니다.
· make sure 뒤에 that + 주어 + 동사 / to + 동사 / of + 명사가 오네요.

회화 톡!

💬 새 학기가 시작되자마자 교수님께서 많은 과제를 주시는데...

A **Make sure** you finish your essay.
꼭 에세이를 끝내도록 해.

B It's too much!
너무 많아요!

A Don't make me keep repeating myself.
한 번 더 말한다!

B **Make sure** you finish your essay by next week.
다음 주까지 모두 에세이를 끝내도록!

패턴 꽉!

	you wake me up at 10.	나		10시에 깨워야	해.
	you study English.	영어 공부를		하도록	
Make sure	you come back tomorrow.	내일	꼭	다시 오도록	하세요.
	you bring your passport.	여권을		가져오도록	
	you brush your teeth.	이를		닦도록	

연습 꼭!

Make sure you feed your cat.
고양이에게 꼭 사료를 주도록 하세요.

Make sure that you bring an umbrella.
우산을 꼭 가져오도록 하세요.

Make sure that this will never happen again.
이 일은 꼭 다시 일어나지 않도록 하세요.

도서관 (At the Library)

I'm worried about/that ... / ~때문에 걱정돼, ~에 걱정돼.

• 형용사인 worried와 about이 합쳐져 '~때문에 걱정돼'가 만들어집니다. 대부분 about 뒤에는 명사 혹은 +ing를 사용합니다. '~할까 봐'를 쓸 경우 might를 쓰면 됩니다.

 회화 톡!

💬 회사에서 필요한 오픽 시험을 준비하게 된 당신, 매일 도서관을 갈 수 있을지 걱정되는데...

🅐 You look terrible today. What's wrong?
너 오늘 안 좋아 보인다. 무슨 일 있어?

🅑 **I'm worried about** my OPIc test.
나 오픽 시험 때문에 걱정돼.

🅐 **I'm worried about** your health.
난 네 건강이 걱정돼.

🅑 Don't worry. I'm fine.
걱정하지 마. 난 괜찮아.

패턴 꽉!

I'm worried about	my work.	내 일	때문에 걱정돼.
	gaining weight.	살	
	my English test.	영어 시험	
	my friend's health.	내 친구 건강	이 걱정이야.
I'm worried that	my boyfriend might cheat on me.	남자친구가 바람피울까 봐	걱정돼.

연습 꽉!

I'm worried that it might rain. 비가 올까 봐 걱정돼.

I'm worried that it might rain tomorrow. 내일 비가 올까 봐 걱정돼.

I'm worried about my school interview. 학교 인터뷰 때문에 걱정돼.

04 취미활동

상대방의 관심사를 알아보세요.
취미가 같으면 더욱 친해질 수 있답니다.

영화 / 콘서트 / 뮤지컬 / 미술관 / 스케이트 / 술집 / 맛집 /
소개팅 / 봉사활동 / 동아리

MP3

Yes No

01 나 지갑 가져오는 걸 잊었어.

    _____ bring my wallet.

02 우리 오늘 같이 갈까?

    _____ go there today?

03 콘서트에 갈까 생각 중이야.

    _____ going to a concert.

04 친구를 데려와도 괜찮을까요?

    _____ if I bring my friend along?

05 스케이트 선수 같아 보여.

    _____ a skater.

06 음악 듣는 거 좋아해.

    _____ listening to music.

07 나 역시 상관없어.

    _____, either.

08 내 말은, 동의할 수 없다는 거야.

    _____ I disagree.

09 거기 어떻게 알아?

    _____ that place?

10 영화 볼래?

    _____ a movie?

What I'm saying is   How do you know   Do you want to see
I forgot to   Why don't we   I'm thinking of   You look like   I like   I don't care
Do you mind

031 영화 (Going to the Movies)

Do you want to see ...? / 당신은 ~을 보고 싶나요?

• 알고 가보아요! see/ 보는 것, look/ 자세히 보는 것, watch/ 영화, 공연, 경기 등을 보는 것으로 회화에서는 see와 watch를 함께 사용해도 됩니다.

 회화 톡!

💬 퇴근 후 여자 친구와 영화를 보려 하는 당신, 전화를 걸어 보는데...

A **Do you want to see** a movie?
영화 볼래?

B Why not?
그래~!

A What kind of movies **do you want to see**?
어떤 영화 보고 싶어?

B A romantic Comedy!
로맨틱 코미디!

패턴 꽉!

Do you		want to see				(을/를) 보고 싶어?
			me?		나	
	really		?		정말	
			a ghost?		유령	
			the future?		미래	
			my pictures?		내 사진	

연습 꽉!

Do you want to see the concert?	콘서트를 보고 싶나요?
Do you want to see the concert tonight?	오늘 밤 콘서트를 보고 싶나요?
Do you want to see the IU concert tonight?	오늘 밤 아이유 콘서트를 보고 싶나요?

032 콘서트 (Going to a Concert)

I'm thinking of ... +ing / ~할까 생각 중이야.

• I'm thinking of + 동사ing를 써서 "무엇을 할까 생각 중이다."라고 말할 수 있습니다.

 회화 톡!

💬 11월 콘서트에 가려는 당신, 친구도 가고 싶어 하는 것 같은데...

A I'm thinking of going to a concert.
콘서트에 갈까 생각 중이야.

B When are you going?
언제 갈 건데?

A I'm thinking of going to one on November.
11월에 가려고 해.

B Can I also get a ticket?
나도 티켓을 구할 수 있을까?

패턴 꽉!

	breaking up.	헤어질	
	buying a new car.	차를 바꿀	
I'm thinking of	quitting my company.	회사 그만둘	(할)까 생각 중이야.
	going somewhere.	어딘가 갈	
	asking her out.	그녀에게 데이트 신청을	

 연습 꽉!

I'm thinking of you.   네 생각 중이야.

I'm thinking of getting a new job.   새로운 일을 찾을 까 생각 중이야.

I'm thinking of applying.   지원해 볼까 생각 중이야.

뮤지컬 (Musical)

I forgot to ... / ~하는 걸 잊었어요.

· I forgot to + 동사를 사용해 무엇을 잊었는지 말하는 패턴입니다.

회화 톡!

💬 여자 친구와 뮤지컬을 보러 온 당신, 순간 티켓을 가져오지 않았다는 사실을 알게 되는데...

A I forgot to bring my tickets.
티켓 가져오는 걸 잊었어.

B Do we have to buy them again?
다시 사야 해?

A I guess so, but I forgot to bring my wallet, too.
아마도. 근데 나 지갑 가져오는 걸 잊었어.

B Oh, god.
이럴 수가.

패턴 꽉!

	finish my homework.	숙제	
	set the alarm.	알람을 맞추	
I forgot to	change my password.	비밀번호를 바꾸	(하)는 것을/걸 잊었어.
	feed my cat.	고양이 사료 주	
	leave the message.	메시지를 남기	

연습 꽉!

I forgot to call.	전화하는 걸 잊었어.
I forgot to call my boss.	사장님한테 전화하는 걸 잊었어.
I forgot to call my boss yesterday.	어제 사장님한테 전화하는 걸 잊었어.

034 미술관 (Going to an Art Gallery)
I don't care ... / ~ 해도 상관없어, 신경 안 써.

- "난 상관없어"를 말할 때 "I don't care."만 사용하면 됩니다.

회화 톡!

💬 무료 미술관 티켓이 생긴 당신

A Hey James, do you wanna go to an art gallery this weekend?
제임스! 주말에 미술관 갈래?

B Where are we going?
어디로 갈 예정인데?

A I don't care.
어디든 상관없어.

B I don't care, either. I just wanna go anywhere.
나도 상관없어. 그냥 아무 데나 가면 돼.

패턴 꽉!

	about her.	그녀에 대해	신경 안 써.
	what you say.	네가 하는 말	상관 안 해.
I don't care	how much it costs.	얼마든	
	what people say.	사람들이 뭐라고 하든	상관없어.
	about it.	그거	

연습 꽉!

I don't care about you.	난 너에 대해 신경 안 써.
I don't care about my boss.	난 사장님에 대해 신경 안 써.
I don't care about the position.	난 내 위치에 대해 신경 안 써.

O35 스케이트 (Skating)

You look (like) ... / ~해 보여, ~처럼 보여.

· "어떤 것처럼 보여."라고 말할 때 사용하는 패턴입니다. 주로 문어체보다는 구어체로 사용되어요.

🖑 회화 톡!

💬 스케이트를 배우게 된 당신, 스케이트를 사러 백화점에 왔는데...

Ⓐ You look like a skater.
스케이트 선수 같아 보여.

Ⓑ Really?
정말?

Ⓐ Yeah. You look good with your skates.
응. 스케이트랑 잘 어울린다.

Ⓑ Thank you.
고마워.

🖑 패턴 꽉!

	a model.	모델	
You look like	a different person.	다른 사람	(같아) 보여.
	you want to say something.	뭔가 할 말이 있어	
You look	good with that suit.	그 정장 잘	어울려.
	good with that dress.	그 드레스 잘	

🖑 연습 꽉!

You look like someone.	누구같아 보여.
You look like my mom.	우리 엄마같아 보여.
You look like my ex-girlfriend.	내 예전 여자 친구같아 보여.

술집 (At a Pub)

What I'm saying is ... / 내 말은 ~

· What I'm saying +주어+동사를 넣어 내 말은 이것이라는 것을 강조할 수 있습니다.

💬 오랜만에 술자리에 참석한 당신, 차마 회사에서 하지 못했던 이야기들을 하는데...

A **What I'm saying is** I disagree.
내 말은 동의할 수 없다는 거야.

B **What's wrong with you?**
무슨 문제야?

A It's hard to explain. Can we order some beer first?
설명하기 힘들어. 일단 맥주 좀 시켜줄래?

B That's **what I'm saying.**
내 말이 그거야.

	I love you.		난 당신을 사랑해요.
	I can't trust you.		내가 당신을 믿을 수 없다는 거예요.
What I'm saying is	I can't trust you any more.	내 말은	내가 당신을 더 이상 믿을 수 없다는 거예요.
	I can't agree with you.		난 당신에게 동의할 수 없다는 거예요.
	I can't agree with your opinion.		난 당신의 의견에 동의할 수 없다는 거예요.

What I'm saying is I hate you.   내 말은 난 당신을 싫어한다는 거예요.

What I'm saying is I have to leave today.   내 말은 내가 오늘 떠나야 한다는 거예요.

What I'm saying is you are my best friend.   내 말은 너는 나의 가장 친한 친구라는 거야.

037 맛집 (A Famous Restaurant)

How do you know ...? / 어떻게 ~을 알아?

· 'How do you know' 다음에 명사 또는 대명사/명사절을 넣어서 문장을 완성합니다.

 회화 톡!

💬 맛집을 소개해주는 친구, 하지만 이미 당신이 알고 있는 곳인데...

A **How do you know** that place?
거기 어떻게 알아?

B **One of my friends' live there.**
내 친구가 거기 살아.

A **Are you talking about Rina?**
리나 말하는 거야?

B **How do you know** her?
넌 걔 어떻게 알아?

패턴 꽉!

How do you know	me?	날		알아요?
	that?	그걸		
	Rina?	리나를	어떻게	
	it's true?	그게 사실이란 걸		
	so much about marketing?	마케팅에 대해	그렇게 잘	

 연습 꽉!

How do you know the answer?	정답을 어떻게 알아?
How do you know my mom?	우리 엄마를 어떻게 알아?
How do you know my boyfriend?	내 남자 친구를 어떻게 알아?

038 소개팅 (A Blind Date)

I like ... / ~좋아해.

• 베스트 10 안에 든다고 말할 수 있는 패턴이에요. 꼭 기억하셔야 겠지요?

• I like 다음에 무엇을 좋아하는지를 넣어 표현한답니다.

회화 톡!

💬 친구에게 소개팅을 받은 당신, 첫 만남 자리에서 자기소개하는데...

A It's great to meet you. What do you like to do?
만나서 반가워. 뭐 하는 거 좋아해?

B I like listening to music. You?
음악 듣는 거 좋아해. 넌?

A I like taking a nap.
난 낮잠 자는 거 좋아해.

B How many hours do you sleep a day?
하루에 몇 시간이나 자?

패턴 꽉!

	watching movies.	난 영화 보는 거
	playing games.	난 게임 하는 거
I like	traveling alone.	난 혼자 여행 하는 거 좋아해.
	dancing.	난 춤추는 거
	to read books.	난 책 읽는 거

연습 꽉!

I like watching TV.
난 TV 보는 거 좋아해.

I like watching TV at home.
난 집에서 TV 보는 거 좋아해.

I like watching TV at home at night.
난 밤에 집에서 TV 보는 거 좋아해.

039 봉사활동 (Doing Volunteer Work)

Why don't we …? / 우리 ~할까요?, ~하는 게 어때?

• "무언가 하는 게 어때?"라고 물을 때 사용하는 패턴으로 주로 친한 사이에 사용합니다.

회화 톡!

💬 매주 봉사활동을 간다는 친구, 당신도 함께 가볼 생각인데…

A I do voluntary work every Friday.
나 매주 금요일마다 봉사활동 가.

B That's so sweet.
대단하다.

A **Why don't we** go there today?
우리 오늘 같이 갈까?

B I'd love to. **Why don't we** take a bus?
좋아. 우리 버스를 타는 게 어때?

패턴 꽉!

Why don't we	go to Myung-Dong?	우리	명동을 가보	는게 어때?
	go for a walk?		좀 걷	
	take a taxi?		택시를 타	
	go to the amusement park?		놀이공원에 가	
	go there?		거기 가	

연습 꽉!

Why don't we talk tomorrow?	우리 내일 얘기하는 게 어때?
Why don't we talk about it tomorrow?	우리 그것에 대해 내일 얘기하는 게 어때?
Why don't we discuss about it?	우리 그것에 대해 의논하는 게 어때?

040 동아리 (A Circle Activity)

Do you mind ... / ~해도 괜찮을까요?

- 조금 조심스럽게 양해를 구하는 말투의 패턴으로 처음 보는 사람에게 사용하기 적합해요.

💬 대학교 새내기인 당신, 친구와 함께 동아리를 찾는데...

A **Do you mind** if I join this club?
이 동아리에 들어도 괜찮을까요?

B No, I don't mind.
괜찮아요.

A **Do you mind** if I bring my friend along?
친구를 데려와도 괜찮을까요?

B No worries. I'd love to make new friends.
괜찮아요. 저는 새로운 친구들을 만나는 걸 좋아해요.

패턴 꽉!

	opening the window?	창문 좀 열어 주시면	안 될까요?
	if I smoke here?	여기서 담배를 피워	도 될까요?
Do you mind	if I turn on the TV?	TV를 켜	
	if I ask you a question?	질문해	도 괜찮을까요?
	if I speak frankly?	솔직하게 말씀드려	

 연습 꽉!

Do you mind if I take this?	이것을 가져가도 괜찮을까요?
Do you mind if I take this home?	이것을 집에 가져가도 괜찮을까요?
Do you mind if I take this home right away?	이것을 바로 집에 가져가도 괜찮을까요?

at / on / in

엣(at) 온(on) 인(in)

전치사의 사용은 정말 어려워요~
하지만 원어민들도 전치사와 a나 an 그리고 the 등과 같은 관사의 쓰임에 대해서는 헷갈려
할 때가 있다고 하니
틀려도 자신 있게 얘기하면 원래 그런가 보다(?)라고 원어민도 생각할지 몰라요~

우리도 마찬가지로 말은 하고 있지만
이게 맞는 말일까? 문법적으로 옳은 말일까? 생각하며 얘기하지는 않잖아요.
그냥 입에서 나오는 대로 가끔은 틀린 말도 하고 말이죠.

여러분들은 다음의 예를 구별하며 잘 사용하고 계신가요?
예를 들어 가리키다 가르치다 / 에요 예요 / 데 대 등등등...

하지만 'at / on / in'의 시간적 의미만큼은 명확히 구분하시자고요.

자~ 준비되셨으면 바로 시작합니다.

At 시간 / On 날짜 / In (기간이 있는) 시간들

At 5:00
At 9:00
At 11:00

On Thursday morning – 목요일 아침(에)
On Saturday night – 토요일 밤(에)
On a sunny day
On the weekend = 주말도 요일로 사용합니다.

In the morning
In the afternoon
In the evening

In January
In February
In March

In 2010
In 2020
In 2030

* morning, day, night 은 형용사 혹은 전치사구의 수식을 받을 때 On을 넣습니다.

05 전공과목

학창시설 전공과목 이야기와
내가 하는 일을 연결해 말해보세요.

> 토익 / 토플 / 수학 / 과학 / 영어 / 체육 /
> 역사 / 경제 / 회계 / 음대

MP3

Yes No

☐☐ **01**   난 역사가 좋아.
　　　　　　　　　　　 history.

☐☐ **02**   무조건 리나가 쓴 책으로 공부해.
　　　　　　　　　　　 study with Rina's book.

☐☐ **03**   이런 소식을 들어 너무 기뻐.
　　　　　　　　　　　 to hear that.

☐☐ **04**   나 외우는 거 싫어.
　　　　　　　　　　　 memorizing.

☐☐ **05**   시험 언제 봤어?
　　　　　　　　　　　 take the test?

☐☐ **06**   나 교수님께 전화 안 했다.
　　　　　　　　　　　 call my professor.

☐☐ **07**   나 혼자 하는 게 좋은데.
　　　　　　　　　　　 work alone.

☐☐ **08**   절대 30분 이상 뛰지 마.
　　　　　　　　　　　 run for more than 30 minutes.

☐☐ **09**   토플 공부 어떻게 했어?
　　　　　　　　　　　 study TOEFL?

☐☐ **10**   난 내 성적에 만족해.
　　　　　　　　　　　 my grade.

I love / You must / I don't like / I'm glad / When did you / I didn't / I like to / You must not / How did you / I'm satisfied with

041 토익 (Studying TOEIC)

When did you ...? / 당신은 언제 ~했나요?

· 언제 무엇을 했는지 물을 때 사용되는 유용한 패턴입니다. 꼭 외워 두도록 하세요.

 회화 톡!

💬 친구와 토익시험에 관해 이야기를 나누는 당신

A When did you take the TOEIC test?
언제 토익 시험 봤어?

B Don't ask me. I don't wanna talk about it.
묻지 마. 말하고 싶지 않아.

A How about you? When did you take the test?
너는? 시험 언제 봤어?

B Last Sunday.
저번 주 일요일 날.

 패턴 꽉!

When did you	start?		언제	시작	(했)어?
	join the soccer club?			축구 동아리에 들었	
	stop?			멈췄	
	call him?			그에게 전화	
	leave Korea?			한국을 떠났	

연습 꼭!

When did you cry?	언제 울었어?
When did you sleep?	언제 잤어?
When did you arrive?	언제 도착했어?

042 토플 (Studying TOEFL)

How did you ...? / 어떻게 ~했나요?

- 상대방에게 무엇을 어떻게 했는지 물을 때 사용되는 패턴입니다.

 회화 톡!

💬 외국 대학을 준비 중인 당신, 토플 점수가 필요한데, 친구에게 토플을 어떻게 공부했는지 물어본다.

ⓐ **How did you** study TOEFL?
토플 공부 어떻게 했어?

ⓑ I just studied by myself.
나 그냥 혼자 공부했어.

ⓐ Do you think it's helpful?
그게 도움이 되는 거 같아?

ⓑ I guess so. By the way, **how did you** study OPIc?
그런 것 같아. 그나저나 너 오픽 시험공부는 어떻게 했어?

패턴 꽉!

How did you	find me?		어떻게	날 찾았	어?
	get here?			여기 왔	
	know?			알았	
	know it's me?			그게 나였단 걸 알았	
	get your job?			일을 구했	

연습 꼭!

How did you do that?	어떻게 한거야?
How did you get my phone number?	어떻게 내 전화번호를 안거야?
How did you pay that?	어떻게 돈을 낸거야?

수학 (Mathematics)

I love ... / ~을 사랑해요.

• 'I love~'은 '난 ~을 사랑해요.'라는 표현으로 'I like~' '난 ~을 좋아해요.' 보다 더 많이 좋아한다는 뜻을 가지고 있어요.

회화 톡!

💬 가장 좋아하는 과목을 말해주는 당신

A My favorite subject is Mathematics.
내가 가장 좋아하는 과목은 수학이야.

B I hate math because it has only one answer.
난 수학이 너무 싫어. 왜냐면 수학은 정답이 하나잖아.

A Once you understand the formula, you won't say that.
공식만 잘 이해하면, 그 말 안 할 걸?

B No way. I love history.
아니야. 난 역사가 좋아.

패턴 꽉!

I love	my family.		가족을	
	my wife.		아내를	
	eating sushi.		초밥 먹는 걸	사랑해.
	spring.		봄을	
	your smile.		네 웃음을	

연습 꼭!

I love my job.	내 일을 사랑해.
I love I really love my job.	난 내 일을 정말 사랑해.
I love my job because I like being with people.	사람들과 함께하기 때문에 난 내 일을 사랑해.

과학 (Science)

I like to ... / ~하고 싶어. ~ 하는 거 좋아해.

• 'I like to~'와 유사한 패턴으로 'I like +ing'가 있습니다.

회화 톡!

💬 그룹 프로젝트를 하게 된 당신, 혼자 하는 게 좋다고 말하는데...

A Hey Rina, we have to work on the science project together.
리나야, 우리 과학 프로젝트같이 해야 해.

B **I like to** work by myself.
나 혼자 하는 게 좋은데.

A It's a group work, you know.
팀워크야. 알잖아.

B You're right. Let's start now.
네 말이 맞아. 바로 시작하자.

패턴 꽉!

I like to	write.		글 쓰	
	sing a song.		노래	
	dance.		춤추	(하)는 거 좋아해.
	see you.		너 보	
	learn things.		난 배우	

연습 꼭!

I like to tell stories.	이야기해 주는 거 좋아해.
I like to tell stories to people.	사람들에게 이야기해 주는 거 좋아해.
I like to tell stories to people at the restaurant.	난 레스토랑에서 사람들에게 이야기해 주는 거 좋아해.

O45 영어 (English)

You must ... / 무조건(절대로) ~해야 해요.

- 'You should~' '당신은 ~해야 해요'에서 좀 더 강하게 표현하고 싶다면 'You must...'를 써보세요.
  상대방이 조금 무섭다(?)고 느낄 수 있습니다.

회화 톡!

💬 영어 공부를 잘하는 방법을 알려주는 당신!

A I want to speak English well, but I don't know how to start.
나 영어 잘 하고 싶어. 그런데 어떤 것부터 시작해야 할지 모르겠어.

B First, **you must** take Rina's class.
첫 번째로. 무조건 리나 수업을 들어.

A And then?
그리고?

B Then, **you must** study with her book.
그리고 무조건 리나가 쓴 책으로 공부해.

패턴 꽉!

You must	put your effort.	절대		노력을	
	take a picture.			사진을 찍어	
	travel.	무조건		여행을	(해)야 해.
	travel all over the world.			세계 여행을	
	turn off your cell phone.			핸드폰을 꺼	

연습 꽉!

You must bring your library card.	무조건 도서관 카드를 가져와야 해.
You must return the books.	무조건 책을 반납해야 해.
You must return the books by today.	무조건 오늘까지 책을 반납해야 해.

70 •

체육 (Physical Training)

You must not ... / 절대 ~하면 안 돼.

• You must의 반대말은 You must not, 절대 무언가를 하면 안 된다고 말할 때 사용합니다.

회화 톡!

💬 체육 시간, 장시간 뛰기는 좋지 않다는 이야기를 듣는 당신!

A **You must not** run for more than 30 minutes.
절대 30분 이상 뛰지 마.

B I want to run for more than 30 minutes.
30분보다 더 뛰고 싶은데요.

A **You must not** run because it's too hot.
날씨가 너무 더워서 30분 이상 뛰면 안 돼.

B That's too bad.
아쉽네요.

패턴 꽉!

You must not	play computer games.		컴퓨터 게임을	
	talk loudly.		크게 말	
	say things like that.	절대	그렇게 말	(하)면 안 돼.
	give up.		포기	
	leave the window open.		창문을 열어 놓으	

연습 꽉!

You must not drive. 절대 운전을 하면 안 돼.

You must not sleep. 절대 자면 안 돼.

You must not fall asleep at the wheel. 절대 졸음 운전을 하면 안 돼.

O47 역사 (History)

I don't like ... / ~가 싫어.

· I like~의 부정문 I don't like입니다. 가장 많이 사용하는 패턴으로 알려졌는데요. '무언가 싫다'고 표현할 때 유용하게 쓰일 수 있습니다.

회화 톡!

💬 역사 시험이 있는 날, 단어들을 다 외우지 못했는데...

A **I don't like** memorizing.
나 외우는 거 싫어.

B Do you have a test today?
오늘 시험 있어?

A Yes. I have a history exam today.
응. 오늘 역사 시험 있어.

B Ah, **I don't like** history.
아, 역사 너무 싫어.

패턴 꽉!

	you.			네
	it.			그게
I don't like	vegetables.	난	야채	(가) 싫어.
	English.			영어
	cucumbers.			오이

연습 꼭!

I don't like my lap top.	난 내 노트북이 싫어.
I don't like my lap top because it's too old.	난 내 노트북이 너무 오래 돼서 싫어.
I don't like my lap top because it's too slow.	난 내 노트북이 너무 느려서 싫어.

048 경제 (Economy)

I'm satisfied with ... / ~에 만족하다.

· be satisfied with + 명사 : 무언가에 만족하다는 의미로 두고두고 쓸 수 있는 유용한 패턴입니다.

회화 톡!

💬 성적표를 받은 당신, 경제점수가 생각보다 잘 나왔는데...

A I'm satisfied with my grade.
난 내 성적에 만족해.

B Oh, yeah? Which subject?
오, 그래? 어떤 과목이 잘 나왔는데?

A I'm satisfied with Economy.
경제 점수에 만족해.

B I got an " F ".
난 F 나왔는데.

패턴 꽉!

I'm satisfied with	my life.		난	내 삶에	만족해.
	it.			그것으로	
	myself.			나 자신에게	
	my income.			내 월급에	
	my body shape.			내 몸매에	

연습 꼭!

I'm satisfied with my boyfriend.   내 남자 친구에게 만족해.

I'm satisfied with my boyfriend because he's kind.   내 남자 친구가 착해서 만족해.

I'm satisfied with my boyfriend   내 남자 친구가 착하고 잘 생겨서 만족해.

      because he's kind and handsome.

049 회계 (Accounting)

I didn't ... / 난 ~하지 않았어요.

• 자신이 무언가 하지 않았다고 말할 때는 I didn't + 동사를 사용합니다.

 회화 톡!

💬 회계 과제를 제출하지 않은 당신, 이미 마감일이 지났는데...

A I **didn't** hand in my accounting homework.
나 숙제를 제출하지 않았어.

B When was the due date?
언제까지였는데?

A It was yesterday Sep. 24th.
9월 24일. 어제였어.

B Wait a minute! I **didn't** call my professor.
앗 잠깐만! 나 교수님께 전화 안 했다.

패턴 꽉!

I didn't	bring my homework.		숙제를 안 가져왔	
	do it.	내가	안 그랬	어.
	bring my cell phone.		전화기를 안 가져왔	
	know.	난	몰랐	
	ask.		물어보지	않았어.

연습 꼭!

I didn't take a shower.   샤워 안 했어.

I didn't use it.   그거 안 썼어.

I didn't have time.   시간이 없었어.

050 음대 (College of Music)

I'm glad ... / ~해서 기뻐.

• 기쁨을 표현하는 표현을 할 때 사용되는 패턴입니다.

회화 톡!

💬 버클리 음대에 붙은 당신! 엄마의 축하를 받는데.

Ⓐ **I'm glad** that I can go to UC Berkeley.
내가 버클리 음대에 갈 수 있다니 기뻐.

Ⓑ **I'm glad** to hear that.
이런 소식을 들어 너무 기뻐.

Ⓐ Thanks.
고마워.

Ⓑ I'll treat you to a dinner tonight.
오늘 내가 저녁 살게.

패턴 꽉!

	that I could help.	내가 도울 수 있다	
	that you're here with me.	네가 나와 함께 있다	
I'm glad	we met.	우리가 만나	니/서 기뻐.
	to see you again.	널 다시 보다	
	that you made it.	네가 해냈다	

연습 꽉!

I'm glad to say that.	말씀드리게 되어 기뻐요.
I'm glad to work here.	여기서 일하게 되어 기뻐요.
I'm glad that you came.	당신이 오다니 기뻐요.

06 운동

혼자보다는 둘이... 함께 땀 흘리며 건강도 챙기고,
궁금한 것을 서로에게 물어보세요.

다이어트 / 수영 / 골프 / 자전거 / 헬스장 / 축구 /
야구 / 당구 / 스노보드 / 올림픽

MP3

Yes No

☐☐ 01 나 다이어트 중이야.
　　　　　　　　　a diet.

☐☐ 02 자전거 있어?
　　　　　　　　　a bicycle?

☐☐ 03 난 당구를 잘 못 해.
　　　　　　　　not 　　　　　　billiard.

☐☐ 04 골프. 너 한번 해봐.
　　Golf. 　　　　　　　try it.

☐☐ 05 다음 올림픽이 한국이라고 들었어.
　　　　　　　　　the next Olympic is going to be held in Korea.

☐☐ 06 고등학교 때 축구를 하곤 했어.
　　　　　　　　　play soccer when I was in highschool.

☐☐ 07 수영은 어때?
　　　　　　　　　swimming?

☐☐ 08 완전 좋지. 잠실로 가면 안 될까?
　　　　　　　　　. Can we go to Jam-Shil Stadium?

☐☐ 09 연습하는 게 중요해.
　　　　　　　　　practice.

☐☐ 10 헬스장에 좀 가야 할 것 같다고 생각해.
　　　　　　　　　I have to go to the gym.

051 다이어트 (On a Diet)

I'm on ... / ~하는 중이야.

• 진행형인 '+ ing'를 사용할 수 있지만, 좀 더 간편하게 on으로 표현해서 말하는 I'm on 패턴입니다.

회화 톡!

💬 점점 늘어만 가는 뱃살에 충격받은 당신! 어떤 운동이 적합할지 트레이너인 친구에게 상담을 받는데...

A I'm on a diet.
나 다이어트 중이야.

B What? I can't believe it.
뭐? 믿을 수 없는걸.

A I know, I've been on a diet since yesterday.
그러게. 어제부터 시작했어.

B Okay. I'm going to help you with it.
그럼 내가 널 도와줄게.

패턴 꽉!

	a boat.		보트	(안)에 있어.
	a bus.		버스	
I'm on	a date.	난	데이트	중이야.
	the phone.		전화	
	fire.		(열정적일 때)불붙	었어.

연습 꽉!

I'm on duty. 난 일하는 중이야.

I'm on the fence. 난 아직 결정하지 못하고 있어.

I'm on top of the world. 나는 기분 최고인 상태야.

O52 수영 (Swimming)

How about ...? / ~은 어때요?

• 상대방에게 제안/권유하는 표현의 패턴입니다.

회화 톡!

💬 수영을 추천하는 친구하지만 당신은 수영을 못하는데...

A **How about** swimming?
수영은 어때?

B Uhh. I can't swim.
을. 나 수영 못해.

A **How about** taking some lessons?
그럼 레슨을 들어 봐.

B Do you think I can do that?
내가 할 수 있을 것 같아?

패턴 꽉!

	this weekend?	이번 주는	
	tomorrow?	내일은	
How about	dinner tonight?	오늘 저녁 먹는 거	어때?
	another shot?	한 잔 더	
	some Japanese food?	일식	

연습 꽉!

How about some coffee?	커피 한 잔 어때?
How about some coffee this afternoon?	오늘 오후에 커피 한 잔 어때?
How about some coffee with me this afternoon?	오늘 오후에 나랑 커피 한 잔 어때?

053 골프 (Playing Golf)

You should ... / ~하는 게 좋을 거야. ~해 봐.

• 상대방에게 간단명료하게 추천/제안할 때 사용합니다. 비슷한 것으로 You must가 있는데, must은 "무조건 해봐."라는 뜻
으로 더더더~ 강한 표현이 됩니다.

 회화 톡!

💬 골프를 가장 좋아하는 당신, 친구와 어느 골프장을 다니는지 이야기한다.

A What kind of sports do you like?
어떤 운동 좋아해?

B Golf. **You should** try it.
골프. 너 한번 해봐.

A I love golf! Where do you usually play?
나 골프 완전 사랑해! 보통 어디서 연습해?

B At 315 club. **You should** visit someday.
315클럽에서. 한번 가봐.

 패턴 꽉!

You should	know.	아	
	be careful.	조심	
	study English.	영어 공부를	(하)는 게 좋을 거야.
	have a dream.	꿈을 갖	
	take a taxi.	택시를 타	

연습 꽉!

You should listen. 너는 듣는 게 좋을 거야.

You should listen carefully. 너는 주의깊게 듣는 게 좋을 거야.

You should listen carefully today. 너는 오늘 주의 깊게 듣는 게 좋을 거야.

O54

자전거 (Riding a Bicycle)

Do you have ...? / 너는 ~가 있니?

• 기본적으로 알고 있어야 하는 패턴 'Do you have'입니다. 무엇이 있는지 물을 때 사용되지요.

 회화 톡!

💬 자전거가 있는지 물어보는 친구

Ⓐ **Do you have** a bicycle?
자전거 있어?

Ⓑ Yeah. I have one.
응. 하나 있지.

Ⓐ Helmet? **Do you have** one?
헬멧? 가지고 있니?

Ⓑ I'm going to get it soon.
조만간 사려고.

패턴 꽉!

	any questions?	질문	
	time to talk?	이야기할 시간	
Do you have	any ideas?	다른 아이디어	있어요?
	a brother?	친오빠	
	a dollar?	1달러	

 연습 꽉!

Do you have time?	시간 있니?
Do you have the time?	지금 몇 시야?
Do you have some time tomorrow?	내일 시간 좀 있어?

055 헬스장 (At the Gym)

I think ... / ~이라고 생각해요.

• 무조건! 기본적으로 알아두어야 할 best로 뽑을 수 있는 패턴 중 하나이에요. 본인 의견과 생각을 말할 때는 물론이고, 연령대를 가리지 않고 쓰이고 있습니다.

👆 회화 톡!

💬 헬스를 시작해야겠다고 다짐한 당신, 친구에게 홍대에 괜찮은 헬스장이 있다고 알려주는데…

A I think I have to go to the gym.
헬스장에 좀 가야 할 것 같아.

B I think so, too.
나도 그렇게 생각해.

A I think there's a well-equipped gym around Hong-Dae.
홍대에 잘 갖춰진 헬스장 있는 것 같아.

B Really? I want to go there.
정말? 나도 가고 싶다.

👆 패턴 꽉!

I think	you are my best friend.	너는 나의 가장 친한 친구인	
	everything is under control.	모든 게 다 정상인	
	I have to go now.	지금 가봐야 할	것 같아.
	you have to call her.	너 그녀에게 전화해야 할	
	you are very handsome.	너 정말 잘생긴	

👆 연습 꽉!

I think she is really hot.
그녀는 정말 섹시한 것 같아.

I think she is really hot and pretty.
그녀는 정말 섹시하고 예쁜 것 같아.

I think she is really hot and pretty to me.
그녀는 나에게 정말 섹시하고 예쁜 것 같아.

O56 축구 (Playing Soccer)

I used to … / ~하곤 했어요.

- '과거에 무언가를 하곤 했었다.', '예전에 무언가를 했었다.'라고 말할 때 사용합니다.
  '지금은 하지 않는다는 것'이 포인트입니다. 잊지 마세요.

 회화 톡!

💬 축구에 관해 이야기 하는 당신과 친구.

A Do you play soccer?
축구 해?

B **I used to** play when I was in highschool.
고등학교 때 하곤 했어.

A Did you join the soccer club?
팀에도 들었어?

B I was a member of the soccer team when I was in middle school.
중학교 때 축구팀이었어.

패턴 꽉!

	play the piano.	피아노를 연주	
	play the piano when I was in university.	대학교 때 피아노 연주	했었어.
I used to	study.	공부	
	live in China.	중국에 살	
	live in China when I was in high.school.	고등학교 때 중국에 살	았었어.

 연습 꼭!

I used to swim.	수영을 했었어.
I used to swim when I was young.	어렸을 때 수영을 했었어.
I used to swim and play soccer when I was young.	어렸을 때 수영이랑 축구를 했었어.

057 야구 (Playing Baseball)

I'd love to ... / ~하고 싶어요.

• 정말 하고 싶다고 말할 때 사용하는 "I'd love to" 무언가를 거절할 때 "I'd love to, but I can't" "정말 그러고 싶지만 못해요."라고 상대방이 기분이 나쁘지 않도록 도와주는 패턴입니다.

 회화 톡!

💬 친구와 야구장에 가려고 하는 당신, 약속을 잡는데...

A Would you like to go to the baseball stadium this Saturday?
이번 주 토요일 날 야구장 갈래?

B I'd love to. Can we go to Jam-Shil Stadium?
완전 좋지. 잠실로 가면 안 될까?

A Sure. I'd love to.
그래 좋아.

B Great! I can't wait!
좋았어! 기다리기 힘들다!

👆 **패턴 꾁!**

	travel.	여행 가	
	have some coffee.	커피 마시	
I'd love to	join.	함께	(하)고 싶어.
	do that.	그거	
	, but I can't.	그러	하지만 못해.

 연습 꾁!

I'd love to go to Seattle.	시애틀에 가고 싶어.
I'd love to have some cheese cake.	치즈 케이크 먹고 싶어.
I'd love to go to Seattle and have some cheese cake.	시애틀에 가서 치즈 케이크 먹고 싶어.

058 당구 (Playing Billiard)

I'm good at ... / 난 ~을 잘해.

• I'm good at 뒤에 동사 + ing를 넣어주면 완료!

회화 톡!

💬 당구 하나만은 자부심이 있는 당신, 당구가 어렵다는 친구에게 연습을 권하는데...

A **Are you good at** playing billiard?
당구 잘 치니?

B **I'm** pretty **good at** it.
응. 나 좀 잘해.

A Cool. **I'm** not **good at** billiard. It's too hard.
멋지다. 난 잘 못해. 너무 어려운 것 같아.

B When you practice it, you'll be fine.
연습 좀 하면 괜찮을 거야.

패턴 꽉!

	singing.		노래	
	playing cards.		카드	
I'm good at	spending money.	난	돈 쓰는 거	잘해.
	cooking.		요리	
	dancing.		춤추는 거	

연습 꽉!

I'm good at saving money.	난 저축을 잘해.
I'm good at saving money because I have to.	난 돈을 모아야 하기 때문에 저축을 잘해.
I'm good at saving money because I have to do that until my 40s.	난 40대가 될 때까지 모아야 하기 때문에 저축을 잘해.

● 85

059 스노보드 (Snow Boarding)

It's important for you to ... / 네가 ~하는 게 중요해.

• 상대방에게 어떤 것이 중요하다고 말해줄 때 사용되는 패턴으로 It's important for you to 뒤에 동사를 넣으면 됩니다.

👆 회화 톡!

💬 동생에게 스노보드 레슨을 해주게 된 당신, 처음 타보는 동생은 아직 힘들어하는데...

A I can't do it any more.
나 더 이상 못하겠어.

B Yes, you can. **It's important for you to** practice.
할 수 있어. 연습하는 게 중요해.

A Let's go home.
집에 가자.

B Why don't we practice for 30 more minutes?
30분만 더 연습하는 게 어때?

👆 패턴 꽉!

It's important for you to	go to school.		네가	학교에 가	는 게 중요해.
	quit smoking.			담배를 끊	
	exercise.			운동을 하	
	sleep well.			잘 자	
	come.			오	

연습 꽉!

It's important for you to study.	네가 공부하는 게 중요해.
It's important for you to study hard.	네가 열심히 공부하는 게 중요해.
It's important for you to study hard everyday.	네가 매일 열심히 공부하는 게 중요해.

060 올림픽 (The Olympics)

I've heard (that) ... / ~을 들었어. ~라고 들었어.

• '~한 적이 있다.'는 경험을 나타냅니다. I've heard (that) + 주어 + 동사 패턴으로 사용하면 되어요.

 회화 톡!

💬 다음 올림픽은 프랑스 파리에서 개최된다는 뉴스를 들은 당신

Ⓐ **I've heard that** the next Olympics is going to be held in France.
다음 올림픽이 프랑스에서 열릴 거라고 들었어.

Ⓑ Wow. Really? I can't wait.
정말? 우와. 기다리기 힘들다.

Ⓐ What is your favorite sport?
어떤 운동 좋아해?

Ⓑ I like canoe.
난 카누.

패턴 꽉!

	you got a new boss.	너희 사장이 바뀌었
	you got a new job.	네가 새로운 일을 찾았
I've heard that	your mom is coming to Seoul.	너희 엄마가 서울에 온 (다고) 들었어.
	before.	저번에
	he's going to France.	그가 프랑스에 간

 연습 꽉!

I've heard that song before.	그 노래 들어 봤어.
I've heard that song called 'How Sweet'.	'하우 스윗'이라는 그 노래 들어 봤어.
I've heard that your favorite singer is NewJeans.	네가 가장 좋아하는 가수는 뉴진스라고 들어 봤어.

영어 이름

당신의 영어 이름은 무엇인가요? #1

영어 이름을 갖고 계신가요?
저런, 아직 없으시다고요...
영어 이름에도 각각이 뜻을 지니고 있습니다.
아직 없으시다면 이 중에 하나 골라 보는 것은 어떠세요?

남자

Albert	대단히 뛰어난
Andrew	용감한
Charles	남자다운
Daniel	신을 대신하는 재판관
David	사랑받는
Edward	행복한 정복자
Greg	신념이 굳은
Harry	힘
Kevin	바다
Michael	신과 닮은
Jacop	함정을 파는 자

Jerome	성스러운
John	신이 준 자
Martin	호전적인
Matthew	신의 선물
Patrick	기품있는
Paul	키 작은
Peter	바위
Phillip	말을 좋아하는
Richard	강한
Robert	붉은 수염
Sabastian	숭배받는
Thomas	쌍둥이
William	평화의 옹호자

어떻게 정하셨어요?
영어로 된 남자 이름들 다 괜찮은 것 같은데,
그 뜻이 키 작은(?) paul은 아무도 안 할 것 같습니다.

외국인 진짜 이름이 paul 많이 들어보셨지요~
그 부모님께서는 '작은 고추가 맵다!'라는 생각으로 이름을 지으신 것이겠지요? ^^

자~ 다음에는 여자 이름이 나오니깐 공부하시다가 또 만나시자고요.

07 식생활

운동했으면 이젠 뱃속도 든든하게 해야죠.
좋아하는 음식을 맛있게 냠냠...

패밀리 레스토랑 / 뷔페 / 구내식당 / 한식당 / 중식당 /
일식당 / 패스트 푸드 / 브런치 / 커피 / 베이커리

MP3

Yes No

☐☐ 01 구내식당에서 그만 먹으려고.
　　　　　 eating at the cafeteria.

☐☐ 02 먹을 만해.
　　　　　 eating.

☐☐ 03 아마 한국 식당이 하나 있을 거야.
　　　　　 one Korean restaurant.

☐☐ 04 아메리카노 아니면 라떼 중 뭘 원해?
　　　　　 Americano or Latte?

☐☐ 05 이 패밀리 레스토랑은 이곳에서 가장 유명한 레스토랑 중 하나야.
This restaurant 　　　　　 most popular places in this area.

☐☐ 06 버스 타고 갈 거야?
　　　　　 take a bus?

☐☐ 07 그녀는 빵을 5시간 동안 계속해서 굽고 있어.
　　　　　 baking for 5 hours.

☐☐ 08 뷔페 가기로 했어.
　　　　　 go to a buffet.

☐☐ 09 너 나보다 훨씬 더 똑똑하구나.
　　　　　 smarter than me.

☐☐ 10 정말 좋은 날이다!
　　　　　 nice day!

패밀리 레스토랑 (A Family Restaurant)

It's one of the ... / ~중 하나야.

· It's one of the + 형용사의 최상급을 넣어 '~한 사람 혹은 물건 중 하나야.'라고 말하는 패턴입니다.

 회화 톡!

💬 유명한 패밀리 레스토랑을 친구에게 알려주는 당신

A This restaurant **is one of the** most popular places in this area.
이 패밀리 레스토랑은 이곳에서 가장 유명한 레스토랑중 하나야.

B Wow! I like this place.
우왜! 여기 좋다.

A This cream pasta **is one of the** most popular food in this restaurant.
이 크림 파스타가 가장 유명한 음식이야.

B Let's try it.
먹어 보자.

패턴 꽉!

She		most popular singers in the world.	그녀는 유명한 가수	
	is one of the	most intelligent women in the world.	그녀는 똑똑한 사람	중 한 명이야.
He		rudest guys in the world.	그는 나쁜 사람	
		most well-known actors.	그는 잘 알려진 배우	
Water		most important things.	물은 중요한 것	중 하나야.

연습 꼭!

They are one of the most stylish couples.	그들은 옷 잘 입는 커플 중 하나야.
This is one of the most difficult times of my life.	이건 내 삶에 가장 힘든 시간 중 하나야.
He is one of the most handsome guys.	그는 잘생긴 사람 중 한 명이야.

O62 뷔페 (Buffet)

We've decided to ... / ~하기로 했어.

· We've decided to + 동사를 넣어 '어떤 것을 결정했다'고 말할 수 있습니다.

회화 톡!

💬 오랜만에 뷔페를 가려고 결심한 당신!

A Are you ready to go?
갈 준비 됐어?

B Where are we going?
우리 어디가?

A **We've decided to** go to a buffet.
뷔페 가기로 했어.

B Yay! I'm so excited.
예! 신난다.

패턴 꽉!

	leave.	떠나기로	
	quit the job.	일을 그만두기로	
I've decided to	run every day.	매일 뛰기로	했어.
	get married.	결혼하기로	
	move.	이사하기로	

연습 꽉!

We've decided to study hard.   우리는 열심히 공부하기로 했어.

We've decided to study hard from tomorrow.   우리는 내일부터 열심히 공부하기로 했어.

We've decided to study hard for a year.   우리는 일 년간 열심히 공부하기로 했어.

● 93

063

구내식당 (Cafeteria)

I'll stop ... / 나 ~그만할게.

• I will은 '무엇을 할 것이다' + stop이 들어가 '~할 무언가를 멈추겠다. 그만하겠다.'라는 패턴이 만들어집니다.

회화 톡!

💬 이젠 더 이상 구내식당에서 식사하지 않겠다는 동료, 이유를 물어보는데...

Ⓐ **I'll stop** eating at the cafeteria.
구내식당에서 그만 먹으려고.

Ⓑ Do you have any problem?
무슨 문제 있어?

Ⓐ Don't ask me why.
왜냐고 묻지 마.

Ⓑ Ok. **I'll stop** asking that.
알았어. 그만 물을게.

패턴 꽉!

I'll stop	working.		일		그만둘 거야.
	drinking.			술 마시는 거	
	eating rice.	난		밥 먹는 거	
	crying.			우는 거	
	writing.			쓰는 거	

연습 꽉!

I'll stop calling.
난 전화하는 거 그만둘 거야.

I'll stop calling her.
난 그녀에게 전화하는 거 그만둘 거야.

I'll stop calling her after drinking.
난 술 먹고 그녀에게 전화하는 거 그만둘 거야.

94 •

O64 한식당 (Korean Restaurant)

There might be ... / 아마 ~가 있을 거야.

• '아마도 무엇이 있을 거야'라는 표현으로 There must be '분명 무엇이 있을 거다'라는 것보다 확신이 낮은 표현이에요.

회화 톡!

💬 한식당을 찾는 당신

Ⓐ **There might be** one Korean restaurant.
아마 한국 식당이 하나 있을 거야.

Ⓑ Have you ever been there?
거기 한 번이라도 가 봤어?

Ⓐ I've been there before. **There might be** some yummy, yummy food.
응, 예전에 한번 가봤어. 아마 맛있는 음식이 있을 거야.

Ⓑ I can't wait to eat.
빨리 먹고 싶다.

패턴 꽉!

	nothing.	아무것	도 없을 거야.
	Superman.	슈퍼맨	
There might be	something.	뭔	이/가 있을 거야.
	another moon.	다른 달	
	another song.	다른 노래	

연습 꽉!

There might be something.	뭔가 있을 거야.
There might be something wrong.	뭔가 틀렸을 거야.
There might be something wrong with the map.	지도에 뭔가 있을 거야.

065 중식당 (Chinese Restaurant)
What a ... / 정말 ~이구나.

• 감탄사 표현입니다. '정말'이 강조된 표현으로 What a 다음 형용사와 명사를 넣어 문장을 완성합니다.

회화 톡!

💬 친구에게 중식 맛집을 소개해준 당신

A **What an** amazing food!
정말 맛있는 음식이구나!

B Do you like it?
맛있어?

A It's so delicious.
정말 맛있어.

B **What a** nice day!
정말 좋은 날이다!

패턴 꽉!

What a		정말		네/야!
	wonderful world!		아름다운 세상이	
	beautiful day!		아름다운 날이	
	good idea!		좋은 생각이	
	pretty dress!		예쁜 드레스	
	cute boy!		귀여운 아이	

연습 꽉!

What a cool girl!   정말 멋진 여자야!

What nice weather!   정말 좋은 날씨네!

What a bad boy!   정말 나쁜 아이네!

일식당 (Japanese Restaurant)

You're much ... / 너는 훨씬 ~하구나.

• You're much + 형용사 비교급 = '내가 생각했던 것보다 너는 훨씬 ~하다'라는 표현이 완성됩니다.

회화 톡!

💬 일식 레스토랑을 찾은 당신, 일본식 인사를 알고 싶어 한다.

C Irat Shai Ma Se!
이랏샤이마세!

B What's that mean?
저게 무슨 말이야?

A It means "Welcome."
"어서 오세요."라는 뜻이야.

B **You're much** smarter than me.
너는 나보다 훨씬 더 똑똑하구나.

패턴 꽉!

You're much	prettier.				예쁘	
	prettier than her.		그녀보다	훨씬	예쁘	
	better than me.	너는	태양보다		괜찮	구나.
	nicer than her.		나보다	훨씬 더	착하	
	brighter than the sun.		그녀보다	더	빛나는	

연습 꽉!

You're much happier.   너는 훨씬 행복하구나.

You're much happier than me.   너는 훨씬 나보다 행복하구나.

You're much happier than what I have thought.   너는 훨씬 내가 생각하는 것 보다 행복하구나.

패스트 푸드 (Fast Food)

Are you planning to ...? / ~할 계획/예정 인가요?

* Are you going to '~할 예정인가요?'와 가장 흡사한 표현으로 계획적인 느낌이 강합니다.
  'plan = 계획'이라는 단어가 들어갔으니 going to 보다는 좀 더 하려는 의지가 높게 표현되지요.

회화 톡!

💬 햄버거를 사온다는 친구, 당신 것도 함께 부탁하는데...

Ⓐ **Are you planning to** grab some hamburger?
햄버거 사 올 거야?

Ⓑ Yes. I'm going now.
응 나 지금 나가.

Ⓐ Can you grab me one?
내 것도 좀 사다 줄 수 있어?

Ⓑ **Are you planning to** take a bus?
버스 타고 갈 거야?

패턴 꽉!

	take a vacation?	휴가를 갈	계획이야?
	visit your grandma?	할머니네 갈	
Are you planning to	take a taxi?	택시를 탈	
	read this book?	이 책을 읽을	예정이야?
	go out with him?	그와 사귈	

연습 꽉!

Are you planning to go back?	돌아갈 예정이야?
Are you planning to go back to Korea?	한국으로 돌아갈 예정이야?
Are you planning to go back to Korea next year?	내년에 한국으로 돌아갈 예정이야?

O68 브런치 (Brunch)
It's worth ... / ~할 만해.

• It's worth ~ing '~할 가치가 있다'는 패턴입니다. worth + 가격 / worth + 가치를 보여주는 대상으로 사용하면 됩니다.

회화 톡!

💬 친구에게 브런치를 권하는 당신

A Have you ever tried brunch?
브런치 먹어본 적 있어?

B No, I haven't.
아니.

A A Would you like to try it? **It's worth** eat**ing**.
한번 먹어볼래? 먹을 만해.

B I'd love to.
응 먹어 볼게.

패턴 꽉!

It's worth	visiting.	가 볼	
	investing.	투자할	
	seeing.	볼	만해.
	reading.	읽을	
	buying.	살	

연습 꼭!

It's worth eating.	먹을 만해.
It's worth taking.	가져갈 만해.
It's worth drinking.	마실 만해.

커피 (Coffee)

Do you want ... / 당신은 ~을 원하나요?

• 상당히 쉬우면서 자주 사용하는 패턴입니다. Do you want + 명사 하나만으로도 충분!!
  보통 음식이나 음료 앞에는 some을 넣어 만드는 문장이 자연스럽네요.

회화 톡!

💬 회사 점심시간! 식사를 마치고 동료들에게 커피를 사려고 하는데…

Ⓐ Do you want some coffee?
커피 마실래요?

Ⓑ Yeah! sure.
네! 좋아요.

Ⓐ Do you want an Americano or Latte?
아메리카노 아니면 라떼?

Ⓑ I want an Americano, please.
아메리카노 부탁해요.

패턴 꽉!

	some water?	물 좀 드릴	까요?
	some pizza?	피자 먹을	래요?
Do you want	this?	이걸 원	해요?
	that?	저걸 원	
	to know?	알고 싶	나요?

연습 꼭!

Do you want some coffee?	커피 마실래요?
Do you want some coffee and sandwiches?	커피랑 샌드위치 먹을래요?
Do you want some coffee and sandwiches in the park?	공원에서 커피랑 샌드위치 먹을래요?

070 베이커리 (Bakery Store)

He/She kept ... / 걔는 계속해서 ~했어.

- 무언가를 계속해서 하고 있다.(했다) = He/she keeps(kept) + 동사 ~ing를 사용해서 만드는 패턴입니다.

회화 톡!

💬 베이커리에서 아르바이트를 시작하게 된 친구를 방문한 당신과 친구들

A Look at her. **She keeps** baking.
재 좀 봐. 계속 빵 굽고 있어.

B I think she really loves it.
내 생각에는 재 저거 정말 좋아하나 봐.

A **She keeps** baking for 5 hours.
5시간 동안 굽고 있는데...

B I can't do that.
난 못해.

패턴 꽉!

He kept	telling me.	그는 계속해서	나에게 말	했어.
	telling me about it.		나에게 그것에 대해 말	
	looking at me.		날 쳐다	봤어.
	changing his style.		스타일을 바	꿨어.
	sending me an E-mail.		나한테 이메일을 보	냈어.

연습 꽉!

He kept sending me letters.
그는 계속해서 나에게 편지를 보냈어.

He kept sending me text messages.
그는 계속해서 나에게 문자를 보냈어.

He kept sending me text messages for 10 hours.
그는 계속해서 10시간 동안 나한테 문자를 보냈어.

08 야외활동

답답했던 일상!
산으로 바다로 훌훌~ 스트레스 이젠 안녕...

산책 / 피크닉 / 캠핑 / 바비큐 / 등산 / 동물원 /
놀이공원 / 댄스 / 바다 / 서핑

MP3

다음 빈칸에 어떤 말이 들어갈까요? 알면 Yes, 모르면 No에 체크하세요.

Yes No

☐☐ **01** 나도 그리고 싶지만, 회사 미팅이 있어.
I have a business meeting.

☐☐ **02** 봄철의 한강에 대해서 말해줄게.
Han–River in the Spring time.

☐☐ **03** 아마 재미있을 거야.
be fun.

☐☐ **04** 쟤 왜 그러지?
him?

☐☐ **05** 멋진 시간 보낼 준비 완료!
a wonderful time!

☐☐ **06** 내게 필요한 건 휴식뿐이야.
a break.

☐☐ **07** 내 스케줄부터 확인할게.
check my schedule first.

☐☐ **08** 일 할 기분이 아니야.
working.

☐☐ **09** 무엇이 문제인 것 같아?
the problem?

☐☐ **10** 네가 나를 도와줄 수 있는지 궁금해.
help me.

산책 (Going for a Walk)

I was wondering if you could ... / ~해 주실 수 있는지 궁금합니다.

· 조금은 조심스럽게 무언가를 해 줄 수 있는지를 물을 때 쓰면 그만인 패턴입니다.

 회화 톡!

💬 며칠 동안 집을 비우게 된 당신, 친구에게 강아지 산책을 부탁해 보는데...

A **I was wondering if you could** help me.
네가 나를 도와줄 수 있는지 궁금해.

B What is it?
말해봐.

A **I was wondering if you could** take my dog for a walk.
내 강아지 산책을 시켜줄 수 있는지 궁금해.

B I think I can make it.
응. 가능해.

패턴 꽉!

	call me.	네가 나에게 전화
	come tonight.	네가 오늘 밤 와
I was wondering if you could	help me with this bag.	네가 내 가방을 들어
	go out with me.	네가 나와 사귀어
	give me one more chance.	네가 나에게 한 번 더 기회를

(해) 줄 수 있는지 궁금해.

연습 꼭!

I was wondering if you could come along.	네가 나랑 함께 갈 수 있는지 궁금해.
I was wondering if you could have dinner with me.	네가 나와 저녁을 먹을 수 있는지 궁금해.
I was wondering if you could give me some information.	네가 나에게 정보를 좀 줄 수 있는지 궁금해.

072 피크닉 (Going on a Picnic)

Let me tell you (something) about ... / ~에 대해 말해 줄게.

- 격식을 갖추고 얘기하는 것이 아닌 주로 친한 친구사이에 자주 쓰입니다.

🖐 회화 톡!

💬 여의도에 사는 친구, 벚꽃을 꼭 봐야 한다고 말하는데...

A Let me tell you something.
뭐 하나 말해 줄게.

B What is it?
뭔데?

A You should go to Han-river to see the cherry blossom.
꼭 한강에 가서 벚꽃을 봐야 해.

B Let me tell you something about Han-River in the Spring time.
봄철의 한강에 대해서 말해줄게.

🖐 패턴 꽉!

	some jerks.	나쁜 놈	
	a story.	이 이야기	
Let me tell you about	my sister.	내 여동생	에 대해 말해 줄게.
	my situation.	내 상황	
	my project.	내 프로젝트	

🖐 연습 꽉!

Let me tell you about my son.	내 아들에 대해 말해 줄게.
Let me tell you about my story.	내 이야기에 대해 말해 줄게.
Let me tell you about my schedule.	내 스케줄에 대해 말해 줄게.

캠핑 (Going Camping)

All I need is ... / 내게 필요한건 ~뿐이야.

• 유명한 영화 OST에서 들어봤던 "All you need is Love" "당신이 필요한 건 사랑뿐이야"라는 뜻으로 I 혹은 You로 자주 쓰이는 패턴이에요.

회화 톡!

💬 반복되는 일상에 지친 당신, 친구는 캠핑을 추천하는데...

A **All I need is** a break.
내게 필요한 건 휴식뿐이야.

B How about camping? **All you need is** a tent.
캠핑 가는 건 어때? 텐트만 가져와.

A Where do you recommend?
어디 추천하는데?

B Yang-Pyung.
양평.

패턴 꽉!

	a chance.		기회	
	a miracle.		기적	
All I need is	your help.	내게 필요한 건	너의 도움	(일) 뿐이야.
	some rest.		조금의 휴식	
	your answer.		너의 대답	

연습 꼭!

All I need is you.	내게 필요한 건 당신뿐이에요.
All I need is love.	내게 필요한 건 사랑뿐이에요.
All I need is your love.	내게 필요한 건 당신의 사랑뿐이에요.

074 바비큐 (Having a Barbecue)

I'd love to, but ... / 나도 그러고는 싶지만 ~

* 부탁을 거절할 때 쓰면 아주 유용한 표현입니다. "I'd love to."까지만 사용한다면 진심으로 하고 싶다는 표현이 되지요.

회화 톡!

💬 바비큐를 하고 싶어 공원에 가고 싶은 당신, 여자 친구는 바쁘다고 하는데...

🅐 Would you like to go to Stanley Park this Friday? Let's have a barbecue party.
금요일 날 스탠리 공원에 갈래? 우리 바비큐 파티하자.

🅑 I'd love to, but I have a business meeting.
나도 그러고 싶지만 회사 미팅이 있어.

🅐 How about this Saturday?
이번 주 토요일은 어때?

🅑 I'd love to, but I have to go to work.
나도 그러고 싶지만 회사에 가야해.

패턴 꽉!

	I can't.		못해.
	I'm busy.		너무 바빠.
I'd love to, but	I'm tired.	나도 그러고 싶지만,	너무 피곤해.
	I have to go.		지금 가야 해.
	I have other plans.		다른 일정이 있어.

 연습 꽉!

I'd love to, but I'm not sure.　　　　나도 그러고 싶지만, 잘 모르겠어.

I'd love to, but I have to study.　　　나도 그러고 싶지만, 공부해야 해.

I'd love to, but I'm on a diet.　　　 나도 그러고 싶지만, 다이어트 중이야.

075 등산 (Going Hiking)

What seems to be …? / ~인 것 같아요?

- "무엇이 ~인 것 같아요." 패턴의 "What seems to be" 중 가장 많이 쓰이는 문장은 "What seems to be the problem?" 입니다.

 회화 톡!

💬 요즘 따라 우울한 당신, 등산을 가려고 하는데…

A What seems to be the problem?
무엇이 문제인 것 같아?

B I don't know.
잘 모르겠어.

A What seems to be happening?
무슨 일인데…?

B I'd better go hiking.
등산을 가는 게 좋겠어.

패턴 꽉!

What seems to be	wrong?			잘못된	것 같아?
	important?		뭐가	중요한	
	the solution?			답인	
	the problem with your car?	차에	무슨	문제가 있는	
	the problem with your boyfriend?	네 남자 친구랑은	어떤	문제가 있는	

 연습 꼭!

What seems to be the reason?	이유가 뭔 것 같아?
What seems to be the trouble?	어디가 아픈 것 같아?
What seems to be the best idea?	뭐가 가장 좋은 아이디어인 것 같아?

동물원 (Going to the Zoo)

What happened to ...? / ~에게 무슨 일이야?

• 간단명료하게 물건 또는 사람에게 무슨 일이 생겼는지 걱정되었을 때 묻는 패턴입니다.

회화 톡!

동물원을 찾은 당신, 어딘가 아파 보이는 원숭이를 봤는데...

A **What happened to** him?
재 왜 그러지?

B He looks sick.
아파 보인다.

A Maybe he is hungry.
배고파서일 수도 있어.

B I don't think so.
아닌 것 같은데.

패턴 꽉!

What happened to	you?	너	무슨 일이야?
	your sister?	네 동생	
	your car?	당신 차	
	your face?	얼굴이	왜 그래요?
	your dog?	강아지	

연습 꽉!

What happened?	무슨 일이야?
What happened to them?	재들 무슨 일이야?
What happened to your room?	네 방이 왜 이래?

077 놀이공원 (At the Amusement Park)

It might ... / 아마 이건~

• "아마 이건 ~일 거야" 패턴의 It might은 50% 이상의 확신을 하고 말할 때 쓰입니다.

회화 톡!

💬 놀이기구를 무서워하는 당신, 친구와 함께 놀이공원에 갈 예정인데…

A Have you ever been on a roller coaster?
롤러코스터 타봤어?

B No, I've never been on it. It looks dangerous.
아니 안 타봤어. 아마 위험할 것 같은데.

A Come on! I'll take you to the amusement park. **It might** be fun.
타러 가자. 내가 놀이공원 데려가 줄게. 아마 재미있을 거야.

B No way! I'm scared.
싫어! 나 무서워.

패턴 꽉!

It might		아마	
	work.		될 거야.
	be you.		너일 거야.
	be hot.		뜨거울 거야.
	be fun.		재미있을 거야.
	be a good idea.		좋은 생각일 거야.

연습 꽉!

It might be wrong.   아마 틀릴 거야.

It might rain.   아마 비가 올 거야.

It might get noisy.   아마 시끄러울 거야.

O78 댄스 (Go Clubbing)

I don't feel like ... / ~하고 싶은 마음이 없어요. ~할 기분이 아니에요.

• 유사패턴으로 "I don't want to"가 있어요.

회화 톡!

💬 지속되는 야근에 지친 당신을 위로해 주는 친구, 클럽을 추천하는데...

A I don't feel like working.
일 할 기분이 아니야.

B What's wrong? Do you wanna go clubbing tonight?
왜? 오늘 클럽 갈래?

A I don't feel like dancing.
춤출 기분 아니야.

B It's alright. Let me dance, you can just enjoy the party.
괜찮아. 내가 춤출게. 넌 그냥 즐겨.

패턴 꽉!

I don't feel like	eating.	먹을	
	drinking.	술 마실	
	shopping.	쇼핑	(할) 기분 아니야.
	exercising.	운동	
	working today.	오늘 일	

연습 꾹!

I don't feel like going out.	나갈 기분 아니야.
I don't feel like going out tonight.	오늘 밤 나갈 기분 아니야.
I don't feel like going out with you tonight.	오늘 밤 너랑 나갈 기분 아니야.

O79 바다 (Going to the Beach)

Let me ... / ~할게.

• "무엇을 할게!"라고 말할 때 쓰이는 "Let me"는 "Let me tell you (something) about" 패턴과 마찬가지로 주로 친한 친구 사이에 자주 쓰입니다.

회화 톡!

💬 해운대를 함께 놀러 가자는 친구, 이번 주 당신은 매우 바쁜데...

A Do you wanna go to Haeundae tomorrow?
내일 해운대 갈래?

B **Let me** check my schedule first.
내 스케줄부터 확인할게.

A Got ya. Tomorrow is Thursday, right?
알겠어. 내일 목요일이지?

B I'll check my schedule and I'll call you back.
내가 스케줄 확인하고 다시 전화해줄게.

패턴 꽉!

	check the door.	문 좀 확인	
	check your answer.	답 좀 확인	
Let me	check your car.	당신 차 좀 확인	할게요.
	check your passport.	여권 좀 확인	
	check your report.	성적표 좀 확인	

연습 꽉!

Let me check it first.   이거 먼저 확인할게.

Let me check it for you.   너를 위해 확인해줄게.

Let me check the mail box.   우체통 좀 확인할게.

080 서핑 (Going Surfing)

I'm ready for/to ... / ~할 준비가 되었어.

• I'm ready + 어떤 준비가 되었다는 말을 더할 때 for + 명사 혹은 to + 동사원형을 사용 합니다.

 회화 톡!

💬 친구와 서핑을 하려는 당신

(A) Are you ready for surfing?
서핑 갈 준비 되었어?

(B) **I'm ready to** go surfing.
응, 준비되었지.

(A) Let's go now.
지금 가자.

(B) Okay! **I'm ready for** a wonderful time!
좋았어! 멋진 시간 보낼 준비 완료!

✌️ **패턴 꽉!**

I'm ready for	bed.	잘	(할) 준비가 되었어.
	a new love.	사랑	
	school.	학교 갈	
	lunch.	점심 먹을	
	the concert.	콘서트에 갈	

 연습 꽉!

I'm ready to go.	갈 준비가 되어 있어.
I'm ready to work.	일할 준비가 되어 있어.
I'm ready to help.	도와줄 준비가 되어 있어.

영어 이름

당신의 영어 이름은 무엇인가요? #2

지난 시간 남자 영어 이름에 이어
이번에는 예쁘고 사랑스러운 여자 영어 이름을 적어봤습니다.
마음에 드는 것 하나 골라보세요.

여자	
Alice	착실한
Amy	귀여운
Ashley	꿈이 있는
Bella	아름다운
Chloe	피어나는
Dorothy	신의 선물
Ellie	가장 빛나는
Emily	여성스러운
Felicia	행복한
Gloria	영광
Irene	평화의 여신
Jamie	평화로운
Jasmin	상냥한
Jennifer	하얀 파도
Jessica	신의 은총

Jessie	부유한 사람
Julia	부드러운 머릿결
Julie	온화하고 얌전한
Kate	순수한
Lena	매혹적인
Melissa	벌꿀
Nancy	근원
Nicole	승리
Rachel	여성스러운
Rebecca	가능성이 큰
Rina	가장 예쁜
Sara	숙녀
Sophia	지혜

어떤 영어 이름이 제일로 맘에 드시나요?

09 기념일

특별한 기념일... 이벤트 준비하셨나요?
무엇을 할 것인지 생각해 보시자고요.

발렌타인데이 / 어머니의 날 / 노동절 / 할로윈 / 추수감사절
/ 크리스마스 / 박싱데이 / 새해(신정) / 부활절 / 선거 날

MP3

Yes No

☐☐ 01 전화번호가 **뭔가요**?

_____ phone number?

☐☐ 02 나 지금 막 너한테 전화**하려던 참이었어**.

_____ call you.

☐☐ 03 벌써 크리스마스라니 **믿을 수가 없어**.

_____ it's already Christmas.

☐☐ 04 난 **여전히** 널 기다리고 **있어**.

_____ waiting for you.

☐☐ 05 **내 목표는** 영어 실력을 쌓는 거야.

_____ improve my English skills.

☐☐ 06 **나** 이번 년도에는 꼭 투표할 **거야**.

_____ vote this year.

☐☐ 07 정말**이야**?

_____ true?

☐☐ 08 **내가 너라면** 새로운 코트를 사겠어.

_____ , I would buy a new coat.

☐☐ 09 한국에서 우리는 **보통** 가족끼리 모여 식사를 해.

We _____ visit our family and have dinner in Korea.

☐☐ 10 **저 여자는** 인형 **같아 보인다**.

_____ a doll.

081 발렌타인데이 (Valentine's Day)

I'm still ... / 여전히, 계속 ~에요.

• 계속 ~하는 중일 때 쓰는 패턴. 보통 I'm still + 동사~ing를 넣어 사용합니다.

회화 톡!

💬 헤어진 전 여자 친구에게 다시 고백하는 당신!

A I'm still waiting for you.
난 여전히 널 기다리고 있어.

B Oh! That's so sweet.
아! 그 말 너무 좋다.

A I'm still loving you. I made some chocolate for you. Happy Valentine's day.
난 여전히 널 사랑해. 널 위해 초콜릿을 만들었어. 해피 발렌타인!

패턴 꽉!

	here.	난 계속	여기	
	waiting.		기다리고	있어.
I'm still	in love.		사랑에 빠져	
	in love with you.	난 여전히	너와 사랑에 빠져	
	hungry.		배고파.	

연습 꼭!

I'm still working.	난 계속 일하고 있어.
I'm still working from yesterday.	난 계속 어제부터 일하고 있어.
I'm still looking for a new job.	난 계속 새로운 일을 찾고 있어.

082 어머니의 날 (Mother's Day)

Is it …? / ~인가요?

• 간단하지만 자주 사용되는 패턴입니다. Is it 뒤에 형용사 그리고 명사를 넣어 사용할 수 있어요.

회화 톡!

💬 어머니 날을 맞이하여 제주도 비행기 표를 준비한 당신

A Mom, I booked the flight to Jeju Island.
엄마, 제가 제주도 항공편 예약했어요.

B Is it true?
정말이야?

A Yes. We're going there this Friday.
네. 이번 주 금요일 날 가요.

B Is it Monday today?
오늘 월요일인가?

패턴 꽉!

	hot today?	오늘 더	워?
	cold today?	오늘 추	
Is it	you?	당신	인가요?
	possible?	가능한	가요?
	right?	그게 맞	나요?

연습 꽉!

Is it yours?   그거 당신 것인가요?

Is it your bag?   그 가방 당신 것인가요?

Is it wrong?   그게 틀린 건가요?

083 노동절 (Labor's Day)

What is your ... / 당신의 ~는 뭔가요?

• 상대방에게 "당신의 ~는 뭔가요?"라고 물을 때 사용하는 기본적인 패턴입니다.

 회화 톡!

💬 빨간 날 노동절, 노동절 행사에 가입하게 된 당신, 전화번호와 주소를 이야기해 주는데...

🅐 **What is your** phone number?
전화번호가 뭔가요?

🅑 02-0365-1004.
02-0365-1004입니다.

🅐 **What is your** address?
주소는 뭔가요?

🅑 8648-207st Langley.
8648-207번가 랭리입니다.

패턴 꽉!

What is your					
	problem?			문제	
	goal?			목표	
	next schedule?	당신의		다음 스케줄	은/는 뭔가요?
	plan?			계획	
	favorite sport?	당신이	가장 좋아하는 운동		

 연습 꽉!

What is your opinion?	당신의 의견은 뭔가요?
What is your favorite food?	당신의 가장 좋아하는 음식은 뭔가요?
What is your point?	당신의 요점은 뭔가요?

O84 할로윈 (Halloween)
He/She looks like ... / 그는 ~같이 보여.

• Trick 범죄, 속임수 or Treat 대우, 취급 "사탕 안주면 장난칠 거야!" 할로윈 날 아이들이 집집마다 들리며 하는 말입니다. 대부분 모든 집은 사탕을 준비합니다.

 회화 톡!

💬 할로윈 파티에 참석한 당신! 특이한 의상들을 보고 놀라는데...

Ⓐ Oh my god! Look at him! **He looks like** a spiderman.
대박! 저 사람 좀 봐! 완전 스파이더맨 같다.

Ⓑ You're right. **She looks like** a doll.
그러네. 저 여자는 인형 같아 보인다.

Ⓐ She's adorable.
사랑스럽다.

Ⓑ I love Halloween parties.
나 할로윈 파티 완전 사랑해.

✌️ **패턴 꽉!**

	a nice guy.		좋은 사람	
	a teacher.		선생님	
He looks like	a bear.	저 사람	곰	(같이) 보여.
	an old man.		나이가 많아	
	a jerk.	저 남자	나쁜 놈	

 연습 꼭!

She looks like an angel.	저 사람 천사같이 보여.
He looks like his father.	저 사람 아빠같이 보여.
He looks like a hollywood star.	저 사람 할리우드 스타같이 보여.

085 추수감사절 (Thanksgiving Day)
One usually ... / (사람은) 보통~

· Usually, Sometimes, Actually, 등을 사용하면 좀 더 자연스럽고 부드러운 표현들을 만들 수 있지요.

 회화 톡!

💬 미국 추석 문화에 대해 궁금한 당신! 외국인 친구에게 물어보는데...

Ⓐ How do people celebrate Thanksgiving in states?
미국에선 추석 때 뭐해?

Ⓑ **They usually** eat Turkey with their family.
보통 가족과 함께 칠면조를 먹어.

Ⓐ That's awesome! **We usually** visit our family and have dinner in Korea.
멋지다! 우리도 보통 가족끼리 모여 식사를 해.

Ⓑ Suddenly, I miss my family.
갑자기 가족들 보고 싶네.

✌️ **패턴 꽉!**

	go to the gym.		헬스장에 가.
	go to bed at 9:00.		9시에 자.
I usually	take a taxi.	난 보통	택시를 타.
	have sandwiches for lunch.		점심으로 샌드위치를 먹어.
	take a walk at night.		밤에 걸어.

 연습 꾁!

I usually spend time with my family.	난 보통 가족들과 함께 시간을 보내.
I usually go shopping.	난 보통 쇼핑을 해.
I usually go shopping with my friend.	난 보통 친구들과 쇼핑을 해.

크리스마스 (Christmas)

I can't believe (that) ... / 난 ~을 믿을 수 없어요.

• 무언가 믿을 수 없다고 말할 때 사용되는 패턴으로 I can't believe (that) 주어+동사를 붙이시면 된답니다.

회화 톡!

💬 크리스마스 트리에 관해 이야기 하는 당신...

A **I can't believe** it's already Christmas.
　　벌써 크리스마스라니 믿을 수가 없어.

B Exactly! **I can't believe** it, too.
　　그러니까! 나도 안 믿어져.

A Did you make a Christmas tree this year?
　　이번 년도에 크리스마스트리 만들었어?

B Yeah, I made a big one with my cousin.
　　응, 사촌이랑 큰 거 하나 만들었어.

패턴 꽉!

	I made it.	내가 해냈다니	
	I'm writing this.	내가 이걸 쓰고 있다니	
I can't believe	it.	이걸	믿을 수 없어.
	what he said.	그가 한 말을	
	my eyes.	내 눈을	

연습 꽉!

I can't believe you lied.　　　　　　　　네가 거짓말을 하다니 믿을 수 없어.

I can't believe you said that.　　　　　　네가 그 말을 하다니 믿을 수 없어.

I can't believe you got me into this.　　　날 이런 곳으로 끌어들였다니 믿을 수 없어.

O87 박싱데이 (Boxing Day)

If I were you, ... / 내가 너라면~

· Black Friday와 비슷한 의미로 외국에서 매년 있는 가장 큰 세일 기간입니다.
· If I were you I + 조동사 + 과거형 + 동사를 넣어 말을 만들어 보아요.

 회화 톡!

💬 매년 12월 26일은 박싱데이! 친구와 함께 쇼핑을 나온 당신...

Ⓐ **If I were you,** I would buy a new coat.
내가 너라면 새로운 코트를 사겠어.

Ⓑ No way. I wanna get new shoes.
안 돼. 나 신발 사고 싶은데.

Ⓐ **If I were you,** I would get both of them.
내가 너라면 둘 다 사겠어.

Ⓑ Hey! That's a good idea.
그거 좋은 생각이네.

패턴 꽉!

	I would listen to her.	그녀의 말을 듣겠어.
	I would take her advice.	그녀의 조언을 듣겠어.
If I were you,	I would go without that. 내가 너라면	그걸 빼고 가겠어.
	I would say "yes."	한다고 하겠어.
	I would get out of this country.	이 나라를 떠나겠어.

 연습 꽉!

If I were you, I wouldn't do that.	내가 너라면 안 하겠어.
If I were you, I would ask him.	내가 너라면 그에게 물어보겠어.
If I were you, I would do my best.	내가 너라면 최선을 다하겠어.

088 새해/신정 (New Year's Day)

My goal is to ... / 내 목표는 ~ 거야.

· 본인의 목표를 말할 때 "My goal is to + 동사"를 넣어 말하면 됩니다.

💬 새해를 맞이하여 새로운 다짐을 하는 당신!

Ⓐ **What do you want to do this year?**
이번 년도에는 뭘 하고 싶어?

Ⓑ **My goal is to** improve my English skills.
내 목표는 영어 실력을 쌓는 거야.

Ⓐ **My goal is to** become a CEO.
내 목표는 사업가가 되는 거야.

Ⓑ Cool! I'm sure you can become one.
멋지다! 넌 분명 이룰 수 있을 거야.

My goal is to	start my own business.	내 목표는	내 사업을 하는	거야.
	join a new company.		새로운 회사에 들어가는	
	open a new account.		새로운 계좌를 만드는	
	become a professor.		교수가 되는	
	become a barista.		바리스타가 되는	

My goal is to create a new life.　　　　내 목표는 새로운 삶을 만드는 거야.

My goal is to to visit all over the world.　　내 목표는 세계 일주를 하는 거야.

My goal is to to become a hero.　　　　내 목표는 영웅이 되는 거야.

부활절 (Easter)

I was about to ... / ~하려던 참이었어.

- 지금 막 ~하려고 했었다. "I was about to + 동사"를 사용합니다. 비슷한 패턴으로 I am about to + 동사 "~하려는 중이야."가 있네요.

👆 **회화 톡!**

💬 부활절을 맞아 달걀에 그림을 그리려는 당신

A Happy Easter!
해피 이스터!

B **I was about to** call you.
나 지금 막 너한테 전화하려던 참이었어.

A **I was about to** go get some eggs.
난 지금 막 달걀 사 오려던 참인데.

B I'll go with you, then.
그럼 나도 갈래.

✌️ **패턴 꽉!**

I was about to	go out.		나	지금 막 나가	(하)려던 참이었어.
	have dinner with you.			너랑 저녁 먹으	
	go to bed.			지금 막 자	
	tell you the truth.			막 사실을 말	
	leave here.			여기 막 떠나	

👆 **연습 꽉!**

I was about to sleep.	막 자려던 참이었어.
I was about to sleep because of a meeting.	회의 때문에 막 자려던 참이었어.
I was about to sleep because of tomorrow's meeting.	내일 회의 때문에 막 자려던 참이었어.

O9O 선거 날 (The Election Day)

I'm willing to ... / 난 기꺼이 ~하겠어.

• 자신이 기꺼이 나서서 무엇을 하겠다고 말할 때, I'm willing to + 동사를 넣으면 됩니다.

회화 톡!

💬 이번 년도에는 꼭 투표하려는 당신!

A I'm willing to vote this year.
나 이번 년도에는 꼭 투표할 거야.

B You sure? But you've never done it before.
정말로? 너 한 번도 한 적 없잖아.

A Are you willing to vote for him?
넌 그 사람한테 투표할 거야?

B Probably. I'm willing to give him a vote.
아마도. 그 사람한테 표를 줄 것 같아.

패턴 꽉!

	help you.		널 도와줄	게.
	work late.		늦게까지 일할	
I'm willing to	work late tonight.	난 기꺼이	오늘 늦게까지 일할	거야.
	do that for you.		그것을 널 위해 해줄	
	give it a try.		해볼	

연습 꽉!

I'm willing to fight.
난 기꺼이 싸울 거야.

I'm willing to fight to protect her.
난 기꺼이 그녀를 보호하기 위해 싸울 거야.

I'm willing to fight to protect her forever.
난 기꺼이 그녀를 영원히 보호하기 위해 싸울 거야.

10 전화통화

전화로 피자도 주문하고, 예약도 해보고...
같이 도전해 볼까요?

피자주문 / 포장 예약 / 불평/항의 / 여행예약 / 호텔 예약 /
룸서비스 / 미용실 / 네일숍 / 마사지샵 / 전화 인터뷰

● **학습점검** ● 다음 빈칸에 어떤 말이 들어갈까요? 알면 Yes, 모르면 No에 체크하세요.

Yes No

☐☐ **01** 비행기 표를 예약하고 싶어요.
[   ] a flight.

☐☐ **02** 따뜻한 물을 부탁드려요.
[   ] give me some hot water.

☐☐ **03** 서두르실 필요 없어요.
[   ] hurry.

☐☐ **04** 어떻게 하기를 원하세요?
[   ] do?

☐☐ **05** 7시 가능할까요?
[   ] make at 7:00?

☐☐ **06** 그것에 대해 정말 죄송합니다.
[   ] really [   ] that.

☐☐ **07** 어렸을 적 디자이너로 일했습니다.
[   ] a designer when I was young.

☐☐ **08** 예약하고 싶은데요.
[   ] a reservation.

☐☐ **09** 내 말은, 좋은 선택인 거 같아요.
[   ], it's a good choice.

☐☐ **10** 테이크아웃을 하고 싶어요.
[   ] make an order for take out.

I'd like to book │ Please │ There's no need to │ What do you want to │ Is it possible to │ I'm, sorry for
I worked as │ I'd like to make │ I mean │ I want to

피자 주문 (Ordering Pizza)

There's no need to ... / ~할 필요 없어요.

- "~할 필요 없다."라고 말할 때 사용되는 패턴으로 짧게는 "There's no need" "그럴 필요 없어요."도 많이 사용됩니다.

회화 톡!

💬 치즈피자를 주문하고 있는 당신...

A Rina's pizza. How can I help you?
리나네 피자입니다. 도와 드릴까요?

B I'd like to get a cheese pizza for take out.
치즈피자 포장하고 싶어요.

A I'm sorry. It's gonna take about 2 hours.
죄송하지만 두 시간 정도 걸릴 것 같은데요.

B **There's no need to** hurry.
서두르실 필요 없어요.

패턴 꽉!

There's no need to	cry.	울	(할) 필요 없어요.
	rush.	서두를	
	worry.	걱정	
	explain.	설명	
	complicate.	복잡	

연습 꽉!

There's no need to eat. 먹을 필요 없어요.

There's no need to call. 전화할 필요 없어요.

There's no need to download. 다운로드할 필요 없어요.

092 포장 예약 (A Take-Out Order)

I want to ... / 난 ~하고 싶어요.

· I want to는 가장 많이 쓰이는 패턴 중 하나로 기본적으로 알고 있어야 합니다.

 회화 톡!

💬 일식 포장을 하려는 당신! 전화를 걸어 주문하는데...

Ⓐ Akane Sushi.
아카네 스시입니다.

Ⓑ **I want to** make an order for take out.
테이크아웃을 하고 싶어요.

Ⓐ Sure, what can I get for you?
네, 어떤 것으로 준비해 드릴까요?

Ⓑ **I want to** get sushi combo with one California roll, please.
스시 세트랑 캘리포니아롤이요.

패턴 꽉!

	know.	알	
	go home.	집에 가	
I want to	be a doctor.	의사가 되	고 싶어요.
	go to Canada.	캐나다에 가	
	see the miracle.	기적을 보	

연습 꽉!

I want to take a break.	휴식을 갖고 싶어.
I want to see my family.	가족들을 보고 싶어.
I want to take you there.	너를 그곳에 데려가고 싶어.

093 불평/항의 (To Complain)

I'm sorry for ... / ~죄송해요.

- for 전치사 뒤에 명사나 동사+ing를 사용합니다.

🖐 회화 톡!

💬 피자를 주문했지만 다른 피자가 배달되었다. 화난 당신, 전화를 걸어 불만을 얘기하는데...

A I ordered Pepperoni, but I got cheese pizza.
페페로니 시켰는데요. 치즈 피자가 왔어요.

B Oh, I'm sorry.
아 죄송합니다.

A I don't eat cheese pizza.
전 치즈 피자 안 먹어요.

B I'm really **sorry for** that.
정말 죄송합니다.

✌ 패턴 꽉!

	everything.	다	죄송해요.
	being late.	늦어서	
I'm sorry for	what I said.	내가 한 말	
	disturbing you.	귀찮게 해서	미안해요.
	what happened.	이 일에 대해	

🖐 연습 꽉!

I'm sorry for that.	그거 미안해요.
I'm sorry for being pretty.	예뻐서 미안해요.
I'm sorry for speaking in a bad manner.	안 좋게 얘기해서 미안해요.

132 •

여행 예약 (Making Travel Reservations)

I'd like to book ... / ~을 예약하고 싶어요.

• 우리가 알고 있는 'book'은 책입니다. 하지만 회화에서의 'book'은 예약이란 뜻을 가지 고 있지요.
예약할 때 반드시 사용해 보자고요!

회화 톡!

💬 다가오는 휴가에 일본 여행을 다녀오려는 당신, 비행기 표를 예약하는데...

A K airline, May I help you?
K 항공입니다. 무엇을 도와드릴까요?

B I'd like to book a flight.
비행기 표를 예약하고 싶어요.

A Where would you like to go?
어디로 가실 건가요?

B I'd like to book a flight to Japan.
일본에 가는 표를 예약하고 싶어요.

패턴 꽉!

	a room.	방	
	a ticket.	티켓	
I'd like to book	a table.	테이블	을 예약하고 싶어요.
	a one day trip.	일일 관광	
	a table for two people.	두 명 테이블	

연습 꽉!

I'd like to book a table for three people. | 세 명 자리를 예약하고 싶어요.

I'd like to book a flight to Seoul. | 서울에 가는 비행기 표를 예약하고 싶어요.

I'd like to book a flight to Seoul on Tuesday. | 화요일에 서울 가는 비행기 표를 예약하고 싶어요.

095

호텔 예약 (Making Hotel Reservations)

I'd like to make ... / ~을 하고 싶어요.

- "i'd like to book"과 함께 쓰이는 예약 패턴입니다. 두 가지 패턴 모두 유용하게 쓰일 수 있으니 모두 연습해보아요!

👆 **회화 톡!**

💬 표 예매 후 호텔 방을 예약하려는 당신

🅐 K Hotel, How may I help you?
K 호텔입니다. 무엇을 도와드릴까요?

🅑 Hello. **I'd like to make** a reservation.
안녕하세요. 예약하고 싶은데요.

🅐 Alright. For how many people?
네, 몇 명이시죠?

🅑 **I'd like to make** a reservation for two people.
두 명 예약하고 싶어요.

✌ **패턴 꽉!**

I'd like to make	a toast.	건배	
	a memo.	메모를 남기	
	a reservation.	예약	(하)고 싶어요.
	an appointment.	(병원) 예약	
	a reservation for my birthday party.	제 생일파티 예약	

👆 **연습 꽉!**

I'd like to make a deposit.	예금을 하고 싶어요.
I'd like to make a reservation tonight.	오늘 밤 예약하고 싶어요.
I'd like to make a reservation for tomorrow.	내일 예약을 하고 싶어요.

룸서비스 (A Room Service)

Please ... / ~부탁해요.

· Morning call은 콩글리시! 이제는 Wake-up call로 사용하기로 해요.

🖐 **회화 톡!**

💬 내일 아침에 있을 여행 일정으로 모닝콜을 요청하는 당신

A Please give me a wake-up call at 6:00 tomorrow morning.
내일 아침 6시에 모닝콜 좀 부탁해요.

B Sure. Good night.
네. 좋은 밤 되세요.

A Please give me some hot water.
따뜻한 물도 부탁해요.

B I'll be there soon.
곧 가겠습니다.

✌️ **패턴 꽉!**

	give me that.	이것	(좀) 주세요.
	let me know when.	저에게 언제인지 알려	
Please	send me an E-mail.	이메일	
	grab me a coke.	콜라	(좀) 부탁해요.
	give me your card.	카드	

🖐 **연습 꽉!**

Please give me a call.   전화 부탁해요.

Please give me a call anytime.   언제든 전화 부탁해요.

Please give me a call anytime, anywhere.   언제든, 어디서든 전화 부탁해요.

097 미용실 (At a Hair Shop)

I mean, ... / 내 말은~, 아니 그러니까~

• 방금 한 말에 더 해서 말하거나 다른 화제로 돌릴 때 사용됩니다. 조금은 더듬거리는 말투의 느낌을 살려주면 더 좋습니다.

 회화 톡!

💬 미용실을 찾은 당신, 디자이너에게 어떤 헤어스타일을 원하는지 말하는데…

Ⓐ How would you like your hair?
머리 어떻게 해 드릴까요?

Ⓑ I want to get a perm, **I mean,** like this picture.
파마하고 싶어요. 내 말은, 이 사진 같이요.

Ⓐ Adorable! **I mean,** it's a good choice.
사랑스럽네요. 내 말은, 좋은 선택인 거 같아요.

Ⓑ Is it?
그런가요?

패턴 꽉!

I mean,	ah, never mind.	내 말은,	아니야.
	she's so pretty.		그녀가 너무 예쁘다는 거야.
	I love you.		내가 너를 사랑한다는 거야.
	I miss you.		네가 보고 싶다는 거야.
	you have to do it.		네가 해야 한다는 거야.

 연습 꽉!

I mean, I like you.   내 말은, 널 좋아한다는 거야.

I mean, it's for you.   내 말은, 이거 널 위한 거야.

I mean, we don't have enough time.   내 말은, 우리는 충분한 시간이 없다는 거야.

네일숍 (At a Nail Shop)

Is it possible to ...? / ~가능할까요?, ~할 수 있을까요?

• 공손하게 묻는 패턴으로 to 뒤에 동사원형을 씁니다.

회화 톡!

💬 기분 전환 겸 네일숍을 찾으려 하는 당신, 전화 예약을 하는데...

A Hello, French Nail. May I help you?
프렌치 네일입니다. 무엇을 도와드릴까요?

B **Is it possible to** make a reservation?
예약할 수 있을까요?

A Sure. When would you like to come?
물론이죠. 언제 오시겠어요?

B **Is it possible to** make at 7:00?
7시 가능할까요?

패턴 꽉!

Is it possible to	change?	바꿀	(할) 수 있을까요?
	love you?	당신을 사랑	
	speak English?	영어로 말	
	stay one more day?	하루 더 머무를	
	reschedule?	스케줄 조정이	가능할까요?

연습 꽉!

Is it possible to make money?	돈을 벌 수 있을까요?
Is it possible to use this coupon?	이 쿠폰을 사용할 수 있을까요?
Is it possible to upgrade my seat?	좌석을 업그레이드할 수 있을까요?

099 마사지샵 (At a Skin Care Center)

What do you want to ...? / ~을 하고 싶나요?

· "What do you want to do" "무엇을 하고 싶어요?"는 가장 대표적으로 쓰이는 말입 니다.

 회화 톡!

💬 거칠어진 피부 때문에 고민 중인 당신, 피부 관리를 받아보려 하는데...

A Thank you for calling Young Skin.
영스킨입니다.

B Hello. I'll be there this afternoon.
안녕하세요. 오늘 오후에 갈 예정이에요.

A **What do you want to** do?
어떤 관리 받으시겠어요?

B I wanna get a facial.
피부 마사지 좀 받으려고요.

패턴 꽉!

	do?	뭐	
	do tonight?	오늘 밤에	하고 싶어요?
What do you want to	do this weekend?	이번 주에	
	drink?	어떤 것으로	마실래요?
	eat/have?	어떤 것으로	드시겠어요?

 연습 꼭!

What do you want to buy?	뭐 사고 싶어요?
What do you want to be?	뭐가 되고 싶어요?
What do you want to change?	무엇을 바꾸고 싶어요?

138 •

100 전화 인터뷰 (A Phone Interview)

I worked as ... / 저는 ~로 일했습니다.

• "예전에 어떤 일을 하곤 했었다..."라고 과거의 일을 말할 때 사용하는 패턴입니다.

 회화 툭!

💬 전화 인터뷰를 하게 된 당신

A What kind of work have you done before?
어떤 일을 했었나요?

B I worked as a designer when I was young.
어렸을 적 디자이너로 일했습니다.

A Have you ever worked as a manager?
매니저로 일한 적은 있나요?

B Yes, I've worked as a manager.
매니저로 일했었습니다.

✌️ **패턴 꽉!**

	a tour guide.	가이드	
	a taxi driver.	택시 기사	
I worked as	a farmer.	농부	(으)로 일했습니다.
	a spy.	스파이	
	a teacher.	선생님	

 연습 꼭!

I worked as a teacher.	선생님으로 일했습니다.
I worked as a teacher for 2 years.	2년 동안 선생님으로 일했습니다.
I worked as an English teacher for 2 years.	2년 동안 영어 선생님으로 일했습니다.

Hear / Listen

Hear과 Listen의 차이

우리가 사전을 찾았을 때 같은 뜻이지만 다른 단어들이 있습니다.
그중 대표적인 것으로 hear / listen이 있습니다.
두 개 모두 뜻이 '듣다'인 데요.
그 쓰임은 다르니 잘 보세요.

지금 두 남녀가 만나고 있습니다.
남자는 정말 좋아라 사랑스러운 눈으로 바라보고 있는데,
여자는 별로가 아니라 poo 씹은 듯(?)한 표정이죠~

이때 남자는 여자의 한마디 한마디 빠뜨리면 큰일 나듯 들을 것인데(listening),
하지만 여자는 대충 '누군가 얘기하고 있구나'라고 그냥 흘려 들겠죠.(hearning)

의식하지 않고 들리는 것이 즉, 의지와는 상관없는 것이 hear!
경청하듯 자신의 의지가 들어가 있는 것이 listen! 입니다.

어떻게 구별이 잘 되나요?
아래 예문을 보면 더욱 이해가 갈 것 같네요.

방에서 리나가 말하는 소리가 들렸다.

I heard Rina talking in the room.

하지만 난 듣지 않았다.

But I didn't listen to her.

나는 라디오를 듣고 있었다.

I was listening to the radio.

그래서 벨 소리를 못 들었다.

So, I didn't heard the bell.

11 직업

당신의 직업은 무엇인가요?
항상 최선을 다하는 당신, 아름답습니다.

회사원 / 경찰관 / 사업가 / 의사 / 패션 디자이너 /
연기자 / 운동선수 / 종업원 / 변호사 / 교수

MP3

학습점검   다음 빈칸에 어떤 말이 들어갈까요? 알면 Yes, 모르면 No에 체크하세요.

Yes No

☐☐ **01**   재미있었던 **것 같이 들려**.
　　　　　　　_____ you had a great time.

☐☐ **02**   돈 좀 모아 보려고 **노력 중이야**.
　　　　　　　_____ save up some money.

☐☐ **03**   **나 오늘 갈 수 있어**.
　　　　　　　_____ visit there today.

☐☐ **04**   가장 좋아하는 교수님이 **누구야**?
　　　　　　　_____ favorite professor?

☐☐ **05**   더 이상 김연아 선수를 볼 **수 없다니**!
　　　　　　　_____ see Kim–Yu–Na any more.

☐☐ **06**   다른 문제 **있으면** 나한테 알려 줘.
　　　　　　　_____ problems, let me know.

☐☐ **07**   예전에 일했던 곳에서 다시 일**하기로 했어요**.
　　　　　　　_____ go back to my company.

☐☐ **08**   **그건** 카메라 앞에 섰을 때 기분이 좋기 **때문이야**.
　　　　　　　_____ I feel good when I'm standing in front of the camera.

☐☐ **09**   나 우리 회사 **지긋지긋해**.
　　　　　　　_____ my company.

☐☐ **10**   그 살인사건에 대해서 **들은 것 좀 있어**?
　　　　　　　_____ the murder?

It sounds like　　I'm trying to　　Can　　Who is your　　If you have any　　I can't　　I've decided to　　That's because　　I'm sick of　　Have you heard about

회사원 (An Office Worker)

I'm sick of ... / ~이 지긋지긋해.

• "정말 이것만큼은 지겨워!"라고 말할 때 사용하는 표현으로, 안 좋을 때 사용하는 표현도 익혀둡니다.

회화 톡!

💬 많은 업무에 지친 당신, 친구와 상사 뒷담화를 시작하는데...

A I'm sick of my company.
나 우리 회사 지긋지긋해.

B Why's that?
왜 그래?

A I'm sick of my boss.
나 우리 사장이 너무 지긋지긋해.

B Is he that much of a jerk?
그 사람 그렇게 한심해?

패턴 꽉!

	you.	난 네가	
	your advice.	네 충고	
I'm sick of	your attitude.	네 태도	지긋지긋해.
	love songs.	사랑 노래	
	it.	이거	

연습 꼭!

I'm sick of waiting.　　　　　　　　기다리는 거 **지긋지긋해.**

I'm sick of dreaming.　　　　　　　　꿈꾸는 거 **지긋지긋해.**

I'm sick of doing the same thing.　　같은 일을 반복하는 거 **지긋지긋해.**

102 경찰관 (A Policeman)

Have you (ever) heard about ... / ~을 들어본 적 있나요?

· Have you (ever) heard about... 에 ever를 넣을 경우 의미상 '단 한 번이라도'가 더욱 강조됩니다.

 회화 톡!

💬 사건을 맡게 된 당신, 정보를 알아보는 중인데...

Ⓐ **Have you heard about** the murder?
그 살인사건에 대해서 들은 것 좀 있어?

Ⓑ No, I haven't. **Have you ever heard about** it?
아니, 못 들었는데. 들은 것 좀 있어?

Ⓐ Someone called me yesterday.
어제 어떤 사람이 전화 왔었어.

Ⓑ And then?
그래서?

 패턴 꽉!

	what happened?	무슨 일인지		
	his story?	그 사람 이야기		들었어?
Have you heard about	the test results?	시험 결과		
	the new restaurant?	새 레스토랑	에 대해 들어 봤어?	
	it?	그것	에 대해 들어본 적 있어?	

 연습 꽉!

Have you heard about me? 나에 대해 들어본 적 있어?

Have you heard about Rina? 리나에 대해 들어본 적 있어?

Have you heard about the new fashion? 새로운 패션에 대해 들어본 적 있어?

사업가 (The CEO)

I can ... / 난 ~할 수 있어요.

- can 은 '~을 할 수 있다'는 가능성을 말하는 조동사입니다.
  주어와 동사를 넣어 사용하기도 하며, 조동사와 동사를 쓸 때는 동사 원형으로 사용하시면 됩니다.

회화 톡!

💬 새로운 사업을 시작한 친구, 친구를 축하하기 위해 종로에 들르기로 한 당신...

A My new office is near Jong-ro. **Can you** come?
내 새로운 오피스는 종로랑 가까워. 올 수 있어?

B **I can** visit there today.
나 오늘 갈 수 있어.

A Let's have lunch together.
그럼 같이 점심이나 하자.

B I'll treat you!
내가 쏠게!

패턴 꽉!

	see you.	널 볼	
	speak English.	영어	
I can	do everything I want.	내가 원하는 거 다	(할) 수 있어.
	solve this problem.	이 문제 풀	
	hear your voice.	너의 목소리를 들을	

연습 꽉!

I can wait.	기다릴 수 있어.
I can wait forever.	난 영원히 기다릴 수 있어.
I can wait for a month.	난 한 달 동안 기다릴 수 있어.

의사 (A Doctor)

If you have any ... / ~이 있다면, ~을 가지고 있다면.

• 어떤 질문이라던지 무엇이 있느냐고 물을 경우 If you have any 뒤에 명사를 넣어 줍니다.

 회화 톡!

💬 병원 인턴 일 년 차인 당신, 담당 교수님께 질문을 하는데...

🅐 Doctor, I don't understand this question.
교수님, 저 문제 이해가 안 가요.

🅑 Here's the answer. **If you have any** problems, let me know.
여기 답. 다른 문제 있으면 나한테 알려 줘.

🅐 Oh! Thank you so much.
우와! 너무 감사합니다.

🅑 **If you have any** questions, ask me.
질문 있으면, 나한테 물어보도록.

✌️ **패턴 꽉!**

If you have any	information, let us know.	정보가		우리에게 알려줘요.
	questions, call me.			전화해요.
	questions, call me anytime.		있으면,	언제든 전화해요.
	questions, feel free to call me.	질문		편하게 연락해요.
	questions, please contact us.			저희에게 연락해주세요.

 연습 꽉!

If you have any concerns, tell me.
걱정거리가 있다면, 나한테 말해.

If you have any ideas, let me know.
좋은 아이디어 있다면, 가나한테 알려줘.

If you have any dreams, just do it now.
꿈이 있다면, 지금 당장 하세요.

105 패션 디자이너 (A Fashion Designer)

It sounds like ... / ~한 것 같아, ~한 것 같이 들려.

• "그런 것 같이 들려.", "그런 것 같아."라고 말할 때 사용되는 패턴으로 정말 자주 쓰는 표현 중 하나입니다.

회화 톡!

💬 파리 패션쇼에 다녀온 이야기를 해주는 친구...

A I've been to the runaway show.
패션쇼를 보러 파리에 다녀왔어.

B It sounds like you had a great time.
재미있었던 것 같이 들려.

A Yeah, and last weekend, I also went to Japan.
응! 그리고 저번 주에는 일본도 다녀왔어.

B It sounds like you were very busy.
너 굉장히 바쁘게 지낸 것 같이 들린다.

패턴 꽉!

It sounds like	a good idea.	좋은 아이디어인	것 같아.
	you've been doing well.	너 잘 하고 있는	
	you're falling in love.	사랑에 빠진	것 같이 들린다.
	a dream.	꿈인	
	you're having a good time.	좋은 시간을 보낸	것 처럼 들린다.

연습 꽉!

It sounds like that.	그런 것 같이 들려.
It sounds like it's true.	사실인 것 같이 들려.
It sounds like it would be fun.	재미있을 것 같이 들려.

연기자 (An Actor/An Actress)

That's because ... / ~그건 ~때문이야, ~하니까.

• That's because 다음에 주어 동사를 넣어 문장을 완성합니다.

회화 톡!

💬 연기자가 되고 싶다는 친구! 그 이유가 궁금한데...

A Why do you wanna be an actor?
왜 연기자가 되고 싶어?

B Just because I want to act.
그건 연기를 하고 싶기 때문이야.

A Why do you want to act?
왜 연기를 하고 싶은데?

B **That's because** I feel good when I'm standing in front of the camera.
그건 카메라 앞에 섰을 때 기분이 좋기 때문이야.

패턴 꽉!

	I want to do it.		내가 하고 싶기	
	I don't want to do it.		내가 하기 싫기	때문이야.
That's because	I can't understand.	그건	내가 이해할 수 없기	
	my boss hates it.		사장님이 싫어하기	
	my mom said so.		엄마가 하라고	했으니까.

연습 꽉!

That's because I have to.	그건 내가 해야 하기 **때문이야.**
That's because I really have to.	그건 내가 꼭 해야 하기 **때문이야.**
That's because I really have to do it by tomorrow.	그건 내가 내일까지 꼭 해야 하기 **때문이야.**

운동선수 (An Athlete)

I can't ... / 난 ~을 할 수 없어요.

- 'I can't'는 'I cannot'의 줄임말이죠. 기본적으로 알고 있어야 하는 패턴입니다.

회화 톡!

💬 김연아 선수의 팬인 당신, 은퇴 후 더 이상 볼 수 없음에 안타까워하는데…

A Oh, I can't see Kim-Yu-Na any more.
더 이상 김연아 선수를 볼 수 없다니!B Oh, come on.

B She already did her best.
에이, 왜 그래~ 이미 그녀는 최선을 다했어.

A The thing is, I miss her so much.
문제는, 난 그녀가 너무 보고 싶다는 거야.

B Oh boy, I can't stand you.
아이고, 졌다 졌어.

패턴 꽉!

	understand.	이해	
	say "No."	아니라고 말	
I can't	handle it.	내가 처리	(할) 수 없어.
	stop eating.	먹는 걸 멈출	
	let you go.	널 보낼	

연습 꽉!

I can't see you. 널 볼 수 없어.

I can't see you any more. 더 이상 널 볼 수 없어.

I can't see you from tomorrow. 내일부터 널 볼 수 없어.

종업원 (A Waiter/A Waitress)

I'm trying to ... / ~하려고 노력 중이야.

- 답변할 때는 "I'm trying." "난 노력 중이야." 여기까지만 사용 가능한 패턴입니다.
- I'm trying to + 동사를 넣어 말하면 어떤 것을 노력하는지가 표현된답니다.

회화 톡!

💬 비자금을 마련하기 위해 주말에도 일을 하려 하는 당신

A I'm trying to work on the weekend.
나 주말에 일하려고 노력 중이야.

B Do you need extra money?
돈 더 필요해?

A I'm trying to save up some money.
돈 좀 모아 보려고 노력 중이야.

B For what?
뭐하려고?

패턴 꽉!

I'm trying to	sleep.		자	
	get up.		일어나	
	wake up earlier than before.		예전보다 일찍 일어나	(하)려고 노력 중이야.
	lose weight.		살 빼	
	get rid of it.		잊으	

연습 꼭!

I'm trying to get a job.	일을 구하려고 노력 중이야.
I'm trying to get a job, any job.	아무 일이나 구하려고 노력 중이야.
I'm trying to get a job by this month.	이번 달까지 일을 구하려고 노력 중이야.

I've decided to ... / 나는 ~하기로 결정했어요.

· "I'm going to~" "난 ~할 것이다" 보다 조금 더 확실한 표현입니다.

회화 톡!

💬 큰 고민 끝에 법률회사에서 일하기로 결심한 당신

A I've decided to work at a law firm.
나 법률회사에서 일하기로 결정했어요.

B That's wonderful. Congratulation!
멋지다. 축하해!

A Where is your company?
회사는 어디야?

B Thanks. I've decided to go back to my company.
고마워요. 예전에 일했던 곳에서 다시 일하기로 했어요.

패턴 꽉!

I've decided to	exercise.	운동	
	go to Paris.	파리에 가	
	sell my house.	집을 팔	(하)기로 결정했어.
	buy a new car.	새 차를 사	
	study a foreign language.	외국어를 공부	

 연습 꼭!

I've decided to have Vietnamese food.	베트남 음식을 먹기로 결정했어.
I've decided to have Vietnamese food for lunch.	점심에 베트남 음식을 먹기로 결정했어.
I've decided to have Vietnamese food with my friend for lunch.	점심에 친구랑 베트남 음식을 먹기로 결정했어.

110 교수 (A Professor)

Who is your ... / 누가 당신의 ~인가요?

• "누가 당신의 ~인가요?"라고 물을 때 쓸 수 있는 간단한 패턴이에요. 가장 좋아하는 사람이 누구인지를 물을 때 씁니다.

회화 톡!

💬 가장 좋아하는 교수님에 관해 이야기 하는 당신

A **Who is your** favorite professor?
가장 좋아하는 교수님이 누구야?

B Mr. Lee. Do you know him?
이 교수님. 그분 알아?

A Yes, I do.
응 알지.

B How about you? **Who is your** favorite professor?
너는? 어떤 교수님이 좋아?

패턴 꽉!

	favorite singer?	가장 좋아하는 가수는	
	best friend?	가장 친한 친구는	누구인가요?
Who is your	favorite artist?	가장 좋아하는 예술가는	
	daddy?	너희 아빠는	누구야?
	boss?	너희 대표는	

연습 꾁!

Who is your girlfriend?	네 여자 친구는 누구야?
Who is your ex-girlfriend?	네 전 여자 친구는 누구야?
Who is your ex ex-girlfriend?	네 전 전 여자 친구는 누구야?

12 회사생활

일이 너무 많지요? 삶의 여유도 없어지는 것 같고...
피할 수 없다면 즐겨야죠~

MP3

Yes No

01   곧 말씀드리겠습니다.

     I'll tell you soon.

02   365 회사에 언제 전화 할 건가요?

     call company Samyugo?

03   내가 그를 설득시키지 못해 속상해.

     couldn't change his mind.

04   제가 운전 할까요?

     drive?

05   일하느라 바빴어.

     working.

06   좀 도와줄까요?

     help?

07   저는 절대로 규칙을 어기지 않습니다.

     break the rules.

08   다음 프로젝트 진행 어떻게 할 건가요?

     plan our next project?

09   영어 완벽히 할 줄 압니다.

     speak English.

10   오늘 뭐 해요?

     doing anything today?

111 자기소개 (Introducing Oneself)

I can totally ... / 난 완벽히 ~할 수 있어.

• "완벽하게, 자신 있게 100% 할 수 있다"는 말을 하고 싶다면 "I can totally"를 사용해 보아요.

회화 톡!

💬 새로운 회사에 면접을 보게 된 당신, 서류통과 후 면접에서 자기소개 하는데...

A Mr. Lee. So, can you speak English?
이 선생님. 영어 할 수 있나요?

B Yes. **I can totally** speak English.
네. 영어 완벽히 할 줄 압니다.

A Can you speak any other languages?
다른 언어는요?

B **I can totally** speak Japanese.
일어를 완벽히 할 줄 압니다.

패턴 꽉!

I can totally	do it.	난 완벽히		(할) 수 있어.
	play the guitar.		기타 칠	
	be anything.		무엇이든 될	
	fly.		날	
	use it.		사용	

연습 꽉!

I can totally see you.	완벽히 널 볼 수 있어.
I can totally see you tomorrow.	완벽히 내일 너를 볼 수 있어.
I can totally see you tomorrow morning.	완벽히 내일 아침에 너를 볼 수 있어.

112 영어 인터뷰 1 (Interviewing in English 1)

I promise ... / 저는 ~을 약속드립니다.

- 'promise'는 약속이라는 뜻입니다. 꼭 지키겠다고 마음먹었을 때 사용하시면 됩니다.

 회화 톡!

💬 인터뷰를 통과하고 영어 인터뷰를 하게 된 당신, 당신이 이 회사에 입사해야 하는 이유를 말하는데...

A What can you do for us?
저희를 위해 어떤 일을 할 수 있죠?

B I promise I'll make a new product.
새로운 제품을 만들 것을 약속드립니다.

A What kind of product is it?
어떤 제품을 말씀하시는 건가요?

B I promise I'll tell you soon.
곧 말씀드리겠습니다.

패턴 꽉!

	I'll quit smoking.	담배를 끊을 것	
	I'll love you forever.	당신을 영원히 사랑할 것	
I promise	I'll work hard.	열심히 일할 것	을 약속해요.
	I'll do my best.	최선을 다할 것	
	I'll take care of you.	내가 당신을 지켜줄 것	

 연습 꽉!

I promise I'll give you something.   당신에게 뭔가 줄 것을 약속해요.

I promise I'll give you chocolate.   초콜릿을 줄 것을 약속해요.

I promise I'll give you chocolate on Valentine's day.   발렌타인데이에 당신에게 초콜릿 줄 것을 약속해요.

113 영어 인터뷰 2 (Interviewing in English 2)

I never ... / 저는 절대로~

- "절대로 ~하지 않는다."라고 확신하며 말할 때 사용되는 패턴입니다.

회화 툭!

💬 영어 인터뷰 중, 장점을 말하는 당신

A What is your strong point?
당신의 장점이 무엇인가요?

B I never break the rules.
저는 절대로 규칙을 어기지 않습니다.

A Do you have more?
더 있나요?

B I never break my word.
저는 절대로 제가 한 말을 어기지 않습니다.

패턴 꽉!

I never	give up.	저는 절대로	포기하지 않아요.
	let you go.		당신을 보내지 않아요.
	cry.		울지 않아요.
	drink coffee.		커피를 마시지 않아요.
	go to school.		학교에 가지 않아요.

연습 꽉!

I never break a promise.　　　　　저는 절대로 약속을 어기지 않아요.

I never dream about it.　　　　　저는 절대로 그것에 대해 꿈꾸지 않아요.

I never dream about my future.　　저는 절대로 제 미래를 꿈꾸지 않아요.

114 이메일 (E-mail)

Are you ... / 당신은 ~인가요?

· Are you...를 해석하자면 여러 가지가 있는데, 가장 기본적으로 "당신은 ~인가요?", "당신은 ~하나요?"가 있습니다.

 회화 톡!

💬 부장님으로부터 이메일을 보내라는 전화를 받은 당신

A **Are you** doing anything today?
오늘 뭐 해요?

B I have nothing to do.
계획 없어요.

A Could you send me an E-mail?
이메일 좀 보내줄래요?

B **Are you** talking about our new project?
새로운 프로젝트 말씀이세요?

✌️ **패턴 꽉!**

	ready?	준비됐어
	serious?	정말이야
Are you	crazy?	미쳤어 ?
	alright?	괜찮아
	alive?	살아있어

 연습 꽉!

Are you angry? — 화났나요?

Are you angry at me? — 나에게 화났나요?

Are you angry at me because of that? — 그것 때문에 나에게 화가 났나요?

● 159

비즈니스 미팅 (A Business Meeting)

When are you going to...? / 당신은 언제 ~할 건가요?

- When are you going to... 다음에 동사를 사용해 여러 가지 다른 상황을 말할 수 있습니다.
- 대답 또한 I'm going to...로 하면 되지요.

회화 톡!

💬 일찍부터 회사 미팅 중인 당신, 다른 회사와의 미팅을 잡으려고 하는데...

Ⓐ **When are you going to** call company Samyugo?
삼육오 회사에 언제 전화 할 건가요?

Ⓑ I'm going to call them today.
오늘 하려고요.

Ⓐ **When are you going to** meet them?
그 회사 사람들 언제 만날 건가요?

Ⓑ I'm going to meet them tomorrow.
내일 만나보려고 해요.

패턴 꽉!

When are you going to		언제		건가요?
	eat lunch?		점심을 먹을	
	drink coffee?		커피를 마실	
	travel?		여행을 할	
	take the TOEIC test?		토익시험을 볼	
	meet her?		그녀를 만날	

연습 꼭!

When are you going to come?	언제 올 건가요?
When are you going to come here?	언제 여기에 올 건가요?
When are you going to come here with Rina?	언제 리나랑 여기에 올 건가요?

출장 (Going on a Business Trip)

I was busy ... / 나 ~하느라 바빴어.

• 'I was busy + 동사 ~ing'를 사용해 "나 ~하느라 바빴다"는 말을 완성할 수 있습니다.

 회화 톡!

💬 며칠째 전화를 받지 않던 친구, 출장을 다녀왔다는데...

A You didn't answer my phone for two days.
내 전화 이틀 동안이나 안 받더라.

B I'm sorry. **I was busy** working in Los Angeles.
미안. LA에서 일하느라고 바빴어.

A You were in Los Angeles?
LA에 있었어?

B Yeah. **I was busy** working.
응. 일하느라 바빴어.

✌️ **패턴 꽉!**

	cooking.		요리	
	studying.		공부	
I was busy	taking my dog to the Vet.		강아지 병원 데려가	(하)느라 바빴어.
	answering the phone.		전화 받	
	talking.		말	

 연습 꽉!

I was busy watching TV.   TV 보느라 바빴어.

I was busy watching TV at night.   밤에 TV 보느라 바빴어.

I was busy watching TV at night with my mom.   엄마랑 밤에 TV 보느라 바빴어.

117 발표하기 (Making a Presentation)

I'm frustrated that ... / ~해서 속상해요.

• 속상한 마음을 표현할 때 사용되는 패턴이에요. I'm frustrated that 다음 어떤 것이 속상한지를 넣으면 됩니다.

 회화 톡!

💬 첫 회사 발표를 마친 당신, 팀장님을 설득하지 못한 아쉬움이 남는데...

A I'm frustrated that I couldn't change his mind.
내가 팀장님을 설득시키지 못해 속상해.

B You did very well.
넌 아주 잘했어.

A I'm frustrated that I have to finish this work by today.
게다가 내가 오늘까지 이 일을 끝내야 한다니 속상해.

B Cheer up!
힘내!

패턴 꽉!

	there's nobody I can love.	내가 사랑할 수 있는 사람이 없다	는 게 속상해.
I'm frustrated that	he yelled at me.	그가 나한테 소리 질러	(해)서 속상해.
	I failed my exam.	시험을 패스 못	
	I have to work.	일을 해야	한다니 속상해.
	I have to work tonight.	오늘 밤 일을 해야	

연습 꽉!

I'm frustrated that I can't go out.   나갈 수 없다니 속상해.

I'm frustrated that I can't go out tonight.   오늘 밤 나갈 수 없다니 속상해.

I'm frustrated that I can't go out with you tonight.   오늘 밤 너와 나갈 수 없다니 속상해.

162 •

118

회사 생활 (Working at a Company)

Do you need ...? / 당신은 ~ 필요한가요?

- "무엇이 필요한가요?"를 물을 때 간단하게 사용할 수 있는 표현입니다.
- "Do you need help? 도와드릴까요?"에서 help 대신 "Do you need a hand?"를 써도 됩니다.

회화 톡!

💬 신입사원이 당신의 부서로 들어왔다. 복사기 앞에서 쩔쩔매는 신입사원을 도와주려 하는데...

A Do you need help?
좀 도와줄까요?

B Yes, please.
네.

A Oh, maybe you need some ink.
아마도 잉크가 필요한 것 같아요.

B Thank you. I'll go get it.
감사합니다. 제가 가져올게요.

패턴 꽉!

	salt?	소금	
	a hand?	도움	
Do you need	him?	그	(이/가) 필요해요?
	more money?	더 많은 돈	
	skin care?	피부 관리	

연습 꽉!

Do you need English?	영어가 필요한가요?
Do you need English for your work?	일하는 데 영어가 필요한가요?
Do you need to speak English in Korea?	한국에서 영어 말하기가 필요한가요?

119 프로젝트 (A Project)

How are you going to ...? / 당신은 어떻게 ~할 건가요?

· 'How are you going to + 동사'를 사용하는 형태로 '~을 어떻게 할 것인가'를 물을 때 적합한 패턴입니다.
회사에서 유용하게 쓰일 수 있겠지요.

 회화 톡!

💬 회사 프로젝트를 담당하게 된 당신, 동료들과 어떻게 일을 진행할지 이야기 중인데...

Ⓐ How are you going to plan our next project?
다음 프로젝트 진행 어떻게 할 건가요?

Ⓑ Well, I'm going to contact company Samyugo.
글쎄요. 먼저 삼육오 회사에 연락해 보려고요.

Ⓐ How are you going to contact them?
그 회사에 어떻게 연락할 건가요?

Ⓑ Let's send the E-mail first.
이메일을 먼저 보내도록 하죠.

✌ **패턴 꽉!**

How are you going to	meet Rina?		어떻게	리나를 만날	(할) 건가요?
	solve this problem?			이 문제를 풀	
	call him?			그에게 전화	
	call James?	제임스에게		전화	
	pay?			계산하실	

 연습 꽉!

How are you going to contact them?	연락은 어떻게 할 건가요?
How are you going to contact this company?	이 회사에 연락은 어떻게 할 건가요?
How are you going to contact this company today?	오늘 이 회사에 연락은 어떻게 할 건가요?

120 외근 (An Outside Duty)

· 상대방에게 "내가 무엇을 하길 바라나요?"라고 물어볼 때 쓰이는 패턴으로 상대방의 의견을 물을 수 있습니다.

 회화 톡!

💬 동료와 외근을 나간 당신, 운전을 누가 할지 정하려 하는데...

A **Do you want me to** drive?
제가 운전 할까요?

B It's okay, Let me do that.
아녜요, 제가 할게요.

A **Do you want me to** drive when we come back?
그럼 돌아올 때는 제가 할까요?

B Sure, let's do so!
좋아요. 그렇게 하죠!

 패턴 꽉!

Do you want me to	study?		공부	하길 바라나요?
	study English?		영어 공부	
	call?	내가	전화	
	call Rina?		리나에게 전화	
	call Rina tonight?		오늘 밤 리나에게 전화	

 연습 꼭!

Do you want me to leave?	내가 떠나길 바라나요?
Do you want me to leave today?	내가 오늘 떠나길 바라나요?
Do you want me to leave by today?	내가 오늘 안에 떠나길 바라나요?

Broken English!

콩글리시 이제 그만~

우리나라 사람들이 가장 많이 하는 실수!
콩글리시 Best를 모아봤습니다.
어떤 것이 올바른 영어일까요?
단어 오른쪽 해설을 보지 말고 먼저 점검해 보세요. * 일부 내용
〈EBS 굳바이~ 콩글리시〉 도서 발췌

아르바이트	☐ arbeit ☑ part-time job	시간제 일을 아르바이트 줄여서 알바라고 하죠. 하지만 대표적인 콩글리시입니다.
핸드폰	☐ handphone ☐ cellular phone	한 지역을 세포(cell)처럼 나눠서 기지국을 세우죠. 해서! 셀 방식 전화라고 하네요. 영국에서는 모바일 폰~
노트북	☐ lap top ☐ notebook	노트북을 100만 원 주고 샀다? 너무 비싸요~ 외국인은 노트북이라는 단어는 공책이라고 알고 있거든요.
리모콘	☐ remocon ☐ remote control	리모트(원격의) 컨트롤(통제), 원격제어장치를 말하는 것입니다. 줄여서 말하면 외국인은 못 알아 먹어요.
모닝콜	☐ wake-up call ☐ morning call	아침에 잠을 깨워주는 모닝콜! 외국인은 아침만이 아니라 수시로 호텔 로비(프런트-콩글리시)에 요청하죠.
에어컨	☐ air conditioner ☐ aircon	condition은 상태라는 뜻이고 er을 붙여 적절히 조절해 주는 것으로 앞에 air, hair, skin 등과 함께 쓰여요.
A/S	☐ after service ☐ warranty service	제품 구매 후 사후 봉사 = 에프터 서비스? 워런티 서비스가 올바른 단어입니다.
탤런트	☐ talent ☐ actor/actress	탤런트는 재능, 소질이라는 뜻이죠. 연기자를 뜻하는 액터/액트리스라고 해야 합니다. 아! 연기도 하고 예능도 하고 여기저기 많이 나오는 사람은 celebrities 또는 entertainers라고 해요.
와이셔츠	☐ dress shirt ☐ Y-shirt	와이셔츠! Y자 모양의 셔츠이긴 합니다. 하지만 정장용 양복 안에 입는 셔츠는 드레스 셔츠라고 합니다.

소개팅/미팅	☐ meeting ☐ blind date	미팅은 상대방을 만나는 그 자체를 얘기하고요. 모르는 남녀의 만남은 블라인드 데이트라고 해야 해요.
썬크림	☐ sun cream ☐ sunscreen	자외선으로부터 피부를 보호하고자 크림을 바르죠~ 바로 썬크림!!! but 썬스크린 또는 썬블럭이랍니다.
아파트	☐ apart ☐ apartment	줄임말 좋아하시죠. 아파트먼트 뭔가 좀 길죠~ 우리나라 사람은 앞에만 톡~ 잘라 아파트라고 하네요.
팬티	☐ underwear ☐ panty	미국에서 남자가 팬티 입는다 하면 변태 소리 들을 수 있어요. 여성이나 어린아이의 하의 속옷을 말하거든요.
파마	☐ perm ☐ pama	"파마하러 왔다." 영어로 어떻게요? 아이 원트 파마? 파마는 영어가 아니고, perm 또는 permanent입니다.
헬스	☐ gym/fitness center ☐ health	'헬스클럽'이라고 명확히 얘기하셔야 합니다. 그것이 아니라면 짐 또는 피트니스센터라고 해야 해요.
광고/씨에프	☐ CF ☐ commercial	Commercial Film을 줄여서 CF라고 알고 계실 거에요. 줄여 쓰고자 하면 AD가 올바른 표현입니다.
깁스	☐ gibs ☐ cast	gibs는 독일어로 석고, 석고 붕대의 뜻이랍니다. '깁스하다'라고 표현할 때는 wear a cast라고 하네요.
개그맨	☐ gagman ☐ comedian	개그맨이라는 단어는 미국에서는 잘 쓰이지 않고 코미디언이라고 하죠. 미국 코미디 프로그램이 우리와 웃음 코드가 많이 다른 것 같아 전 별로 재미없었던데요...
오바이트	☐ overeat ☐ throw up	오바이트 단어는 overeat 과식하다에서 온 것 같습니다. 하지만 우리가 얘기하는 오바이트의 의미는 그 단어가 아니네요.
싸인	☐ autograph ☐ sign	sign은 계약서에 서명하다는 동사이고, 연예인들에게 받는 것은 autograph라 합니다.
아이쇼핑	☐ eye shopping ☐ window shopping	눈으로만 보는 것이 아니라, 창문 넘어로 진열된 상품을 보는 것으로 표현하네요.

13 사람들

사람 vs 사람, 무엇이든 사람들과의 관계가
정말 중요합니다. 상대방 파악은 기본!

성격 / 외모 / 이상형 / 심리 / 호감형 / 헤어스타일 /
패션 / 국적 파악 / 타인의 나이 / 바람을 말하기

학습점검 다음 빈칸에 어떤 말이 들어갈까요? 알면 Yes, 모르면 No에 체크하세요.

Yes No

☐☐ **01** 귀엽고 섹시**했지**.
　　　　　　 _____ cute and hot.

☐☐ **02** 네 코트 멋지다.
　　　　　　 _____ coat.

☐☐ **03** 그녀가 40이 넘었다니 **믿을 수가 없어**.
　　　　　　 _____ she is over forty.

☐☐ **04** 난 어제 좀 취했었어.
　　　　　　 _____ drunk last night.

☐☐ **05** 행복한 **것처럼 보여**.
　　　　　　 _____ to be happy.

☐☐ **06** 난 **항상** 슬랭을 배우고 싶었어.
　　　　　　 _____ learn how to speak slang.

☐☐ **07** 나 괜찮아 **보여**?
　　　　　　 _____ okay?

☐☐ **08** 중국인과 한국 사람을 구분하**는 건 힘들어**.
　　　　　　 _____ tell Chinese from Korean.

☐☐ **09** 난 미용실 갈 **때** 제일 **행복해**.
　　　　　　 _____ I go to the hair salon.

☐☐ **10** 난 그녀가 예쁜 **줄 알았어**.
　　　　　　 _____ she was pretty.

성격 (Someone's Character)

She/He seems ... / ~인 것처럼 보여. ~인 것 같아.

- 패턴 'She seems...'은 보통 어떤 사람인 것 같다고 말할 때(성격, 기분) 사용되는데요.
  'seems + 형용사' 또는 'seems like + 명사'를 쓰면 된답니다.

회화 톡!

💬 썸남이 생겼다는 친구! 어떤 사람인지 물어보는데...

A What's he like?
그는 어떤 사람이야?

B **He seems** honest.
그는 솔직한 사람인 것 같아.

A Anything else?
다른 건?

B **He seems** to be happy.
행복한 것처럼 보여.

패턴 꽉!

He seems	upset.		그는	화가 난	(것) 같아.
	serious.			진지한	
	to be a womanizer.			바람둥이인	
	like a very nice person.			굉장히 좋은 사람	
	to have good leadership skills.			좋은 리더십을 가지고 있는	

연습 꼭!

She seems happy.	그녀는 행복한 것 같아.
She seems pretty happy.	그녀는 꽤 행복한 것 같아.
She seems pretty happy with him.	그녀는 그와 꽤 행복한 것 같아.

외모 (Someone's Appearance)

I thought ... / ~인 줄 알았어.

· 정말 중요한 패턴이에요. 자신의 생각을 표현할 때 가장 기본적으로 사용되는 패턴이므로 꼭 암기해 봅시다!

 회화 톡!

💬 예전 여자 친구에 관해 물어보는 당신의 친구

Ⓐ What did she look like?
그녀는 어떻게 생겼어?

Ⓑ **I thought** she was pretty.
난 그녀가 예쁜 줄 알았어.

Ⓐ Was she nice to you?
너한테 잘해 줬어?

Ⓑ **I thought** she was a nice girl.
내 생각에 그녀는 좋은 사람인 것 같았어.

패턴 꽉!

	you were coming.	네가 오는	
	you were there.	네가 거기 있을	
I thought	you were at the party.	네가 파티에 있는	줄 알았어.
	it would be a good idea.	그게 좋은 생각인	
	you knew it.	네가 알고 있는	

연습 꽉!

I thought he's coming. 그가 오는 줄 알았어.

I thought he's coming to my house. 그가 우리 집에 오는 줄 알았어.

I thought he's coming to my house yesterday. 그가 어제 우리 집에 오는 줄 알았어.

이상형 (An Ideal Type)

She was so ... / 그녀는 정말 ~했어.

• 과거형으로 so와 함께 사용해 상대방의 상태를 강조할 수 있습니다.

🖐 회화 톡!

💬 이상형을 물어보는 당신, 친구는 예전 여자 친구라고 말하는데...

A What is your ideal type?
이상형은 어떤 사람이야?

B My ex-girlfriend is my ideal type.
전 여자 친구가 내 이상형이야.

A What does she look like?
어떻게 생겼는데?

B **She was so** cute and hot.
귀엽고 섹시했지.

🖐 패턴 꽉!

She was so	perfect.	그녀는 매우	완벽	했어.	
	stupid.		멍청		
	bad.		나쁜 여자	였어.	
	beautiful.		아름다	웠어.	
She was	right for me.	그녀는	정말 나한테 딱 맞	았어.	

🖐 연습 꽉!

She was so popular.	그녀는 매우 유명했어.
She was so popular in LA.	그녀는 LA에서 매우 유명했어.
She was so popular in LA because she was so pretty.	그녀는 너무 예뻐서 LA에서 매우 유명했어.

심리 (Someone's Feeling)

I was a little ... / 난 조금 ~었어.

· 상황에 맞게 그때의 기분이나 상태를 설명할 때 쓰는 패턴. 'a little'은 조금, 약간이라는 뜻입니다.

회화 톡!

💬 어젯밤 있었던 파티 이야기를 나누고 있는 당신

A How was last night?
어제 어땠어?

B It was fun, but **I was a little** tired.
재미있긴 했는데 나 좀 피곤했어.

A **I was a little** drunk last night.
난 어제 좀 취했었어.

B Were you?
그래?

패턴 꽉!

I was a little	surprised.	나 좀	놀랐	어.
	worried.		걱정됐	
	tired.		피곤했	
	excited.		들떴었	
	scared.		무서웠	

연습 꽉!

I was a little proud.   나 조금 자랑스러웠어.

I was a little proud of you.   나 조금 너 한테 자랑스러웠어.

I was a little proud of your answer.   나 조금 너의 답에 자랑스러웠어.

호감형 (Looking Likable)

Do I look ... / 내가 ~보여요?

• "내가 ~같아 보이니?"라고 물을 때 사용하는 패턴으로 주어가 3인칭일 경우 조동사 Does로 바꿔 말하면 됩니다.

회화 톡!

💬 중요한 약속에 한껏 차려입은 당신, 친구에게 물어보는데...

A Where are you going?
어디가?

B Do I look okay?
나 괜찮아 보여?

A You look wonderful.
너 완전 멋진데.

B Do you think so? Do I look really okay?
그렇게 생각해? 나 정말 괜찮아 보여?

패턴 꽉!

	chubby?		통통해	
	tired?		피곤해	
Do I look	different?	나	달라	보여?
	better?		더 나아	
	better than before?		예전보다 더 나아	

연습 꾁!

Do I look satisfied?   내가 만족한 것 같아 보여?

Do I look satisfied with this?   내가 이것에 만족한 것 같아 보여?

Do I look satisfied with this project?   내가 이 프로젝트에 만족한 것 같아 보여?

126 헤어스타일 (A Hairstyle)

I feel happy when ... / ~할 때 행복해.

• 언제 기쁘다고 말할 때 "I feel happy when~" 패턴을 사용합니다. 뒤에는 happy 대신 sad, upset 등 바꿔 사용할 수 있어요.

 회화 톡!

💬 헤어스타일에 대해 이야기를 나누는 두 사람, 어느 헤어숍을 다니는지 물어보는데...

A I feel happy when I go to the hair salon.
난 미용실 갈 때 제일 행복해.

B Which shop do you usually go to? What's the designer's name?
보통 어디로 가? 디자이너 이름은?

A I usually go to Seoul-Dae and her name is Bin-nan.
나 보통 서울대로 가. 그리고 그녀의 이름은 빛난이야.

패턴 꽉!

	I'm with my friends.	난 친구랑 있을
	I'm with my family.	난 가족들과 함께 있을
I feel happy when	I go shopping.	난 쇼핑갈 때 (가장) 행복해.
	I see your smile.	네가 웃는 걸 볼
	you call me.	네가 전화해 줄

연습 꽉!

I feel happy when I make money. 돈 벌 때 (가장) 행복해.

I feel happy when I talk with you. 너랑 얘기할 때 (가장) 행복해

I feel happy when you say 'I love you.' 네가 '사랑해'라고 말해줄 때 (가장) 행복해

127 패션 (Someone's Fashion)

I like your ... / 너의 ~가 좋아, 네 ~멋지다.

· 'like'는 '좋다'라는 뜻이지만 상대방의 옷이나 물건 등 칭찬할 때 많이 쓰이죠. '멋지다'라는 뜻도 포함되어 있다는 것을 알고 있어야 한답니다.

회화 톡!

💬 친구의 옷이 마음에 드는 당신

A I like your coat. where did you get it?
네 코트 멋지다. 어디서 샀어?

B Well, I don't remember. I bought this long time ago.
글쎄. 기억이 안 나. 너무 오래전에 산 거라.

A I also like your cap. I think you have a good taste.
네 모자도 너무 멋있다. 너 옷 잘 입는 것 같아.

B Thanks.
고마워.

패턴 꽉!

I like your	dress.	나는 네	드레스	이/가 좋아.
	style.		스타일	
	eyes.		눈	
	music.		음악	
	shirt.		셔츠	

연습 꼭!

I like your new hair.	나는 네 새로운 헤어 스타일이 좋아.
I like your new hair because it's short.	나는 네 새로운 헤어 스타일이 짧아서 좋아.
I like your new hair because it's short and brown.	나는 네 새로운 헤어 스타일이 짧고 갈색이라 좋아.

국적 파악 (Nationality Differences)

It's difficult to ... / ~하기가, ~하는 것은 어려워.

- '~하기 어렵다', '~하기 힘들다'를 말할 때 사용하는 패턴입니다.

 회화 톡!

💬 동양인을 구별하기 힘들다는 외국인 친구...

A **It's difficult to** tell Chinese from Korean.
중국인과 한국 사람을 구분하는 건 힘들어.

B No kidding.
말도 안 돼.

A It really is. **It's difficult to** compare with their appearance.
정말이야. 겉모습만 보고 판단하기 힘들어.

B Interesting.
신기하네.

 패턴 꽉!

	say "I'm sorry."	미안하다고 말	(하)는 건 어려워.
	learn this.	이걸 배우	
It's difficult to	move.	움직이기	
	explain.	설명하기	힘들어.
	explain how I feel.	내 느낌을 설명하기	

 연습 꽉!

It's difficult to me.	나한테 어려워.
It's difficult to me to do that.	그거는 나한테 어려워.
It's difficult to me to do that because it's not my major.	내 전공이 아니라 그거는 나한테 어려워.

타인의 나이 (Someone's Age)

It's unbelievable that ... / ~을 믿긴 어려워.

· It's unbelievable that 주어 + 동사 = 무언가를 믿기 힘들다고 말할 때 사용하는 패턴으로 뒤에는 믿을 수 없는 '무엇'을 넣어 말해요.

 회화 톡!

💬 최강 동안인 교수님에 관해 이야기 하는 당신과 친구

A It's unbelievable that she is over forty.
그녀가 40이 넘었다니 믿을 수가 없어.

B Who? The designer?
누구? 디자이너?

A Yes. It's unbelievable that she is still single.
그녀가 아직 결혼을 안 했다니 믿을 수 없어.

B I think I know her.
누군지 알겠다.

 패턴 꽉!

	you're single.	네가 싱글이라니
	you're still working.	네가 여전히 일하고 있다니
It's unbelievable that	you're seventeen.	네가 17살이라니 믿을 수 없어.
	I passed the exam.	내가 시험을 통과했다니
	you're still alive.	네가 아직 살아 있다니

연습 꼭!

It's unbelievable that I won the marathon.   내가 마라톤에서 우승했다니 믿을 수 없어.

It's unbelievable that I won the lottery.   복권에 당첨됐다니 믿을 수 없어.

It's unbelievable that you love me.   네가 날 사랑한다니 믿을 수 없어.

130 바람을 말하기 (Telling One's Wishes)

I've always wanted to ... / 난 항상 ~하고 싶었어.

- "나는 항상 어떤 것이 하고 싶었다"라고 말할 때 "I've always wanted to + 동사"를 넣 어 문장을 완성하면 됩니다.

 회화 톡!

💬 슬랭에 관심 있는 당신, 친구와 슬랭에 대해 검색해 보는데…

A **I've always wanted to** learn how to speak slang.
난 항상 슬랭을 배우고 싶었어.

B Then you should make some black friends.
그럼 너, 흑인 친구를 만들어야 할 거야.

A I know. They always use slangs.
맞아. 그 친구들 항상 슬랭 쓰잖아.

B Let's search for more information about slang.
슬랭에 대해서 검색해 보자.

 패턴 꽉!

I've always wanted to	work.		일	
	drive.		운전	
	study.	난 항상	공부	(하)고 싶었어.
	live alone.		혼자 살	
	have a brother.		오빠를 갖	

연습 꽉!

I've always wanted to fly.	난 항상 날고 싶었어.
I've always wanted to fly to Paris.	난 항상 파리에 가고 싶었어.
I've always wanted to study foreign languages in Paris.	난 항상 파리에서 외국어를 배우고 싶었어.

14 의사표현

자신이 말하고자 하는 것이 무엇인지 명확히
전달해야 서로 오해가 없어집니다.

광고 회사에서 / 직장내 인간 관계 / 의견에 동의하기,
동의하지 않기 / 직장 상사와의 면담 / 해고 / 칭찬하기 /
시험 기간 / 시험 성적 / 법정에 서다 / 바람둥이

다음 빈칸에 어떤 말이 들어갈까요? 알면 Yes, 모르면 No에 체크하세요.

Yes No

☐ ☐ **01** 제 의견으로, 이 광고 별로인 것 같습니다.
                     this TV commercial is not good.

☐ ☐ **02** 어느 정도 동의는 하지만 열심히 일했잖아요.
                     he worked hard.

☐ ☐ **03** 나로서는, 아니.
                     I can't.

☐ ☐ **04** 전 이 점수에 동의할 수 없습니다.
                     this score.

☐ ☐ **05** 내가 볼 때는 완벽해.
                     this is perfect.

☐ ☐ **06** 맞는 말이지만 그렇게 나쁜 사람은 아니야.
                     he is not a bad guy.

☐ ☐ **07** 사장이 여전히 나한테 화났다는 걸 느껴.
                     my boss is still mad at me.

☐ ☐ **08** 저는 그가 살인자가 아니라는 것을 정말로 확신합니다.
                     he is not a murderer.

☐ ☐ **09** 내 생각에 시험 다시 봐야 할 것 같아.
                     I have to take my test again.

☐ ☐ **10** 제가 이곳에서 최선을 다할 것으로 굳게 믿고 있습니다.
                     I can do my best here.

광고 회사에서 (At the Advertising Agency)

In my opinion ... / 제 의견은~

• 'I think'가 '내 생각에는'이라면 'In my opinion'은 '제 의견은'이라는 표현입니다. 비즈니스 미팅에서 아주 유용하게 쓰일 표현임으로 꼭 암기해 두어요.

회화 톡!

💬 광고 회사에서 일하는 당신, 이번 컨셉이 마음에 들지 않는데...

A In my opinion, this TV commercial is not good.
제 의견으로, 이 광고 별로인 것 같습니다.

B I like this one.
전 좋은데요.

A In my opinion, they used too much Photoshop.
제 의견으로, 포토샵을 너무 과하게 사용한 것 같습니다.

B Let me check again.
다시 한 번 검토해 보도록 할게요.

패턴 꽉!

In my opinion,	they are awesome.	제 의견으로,	그들은 정말 대단합니다.
	it is very important to learn foreign languages.		외국어를 배우는 것은 매우 중요합니다.
	everyone should have breakfast in the morning.		모두가 아침 식사를 해야 합니다.
	Jason is perfect.		제이슨은 완벽합니다.
	they should stop spitting on the street.		사람들은 길거리에 침 뱉지 말아야 합니다.

연습 꼭!

In my opinion, everyone needs to get some rest.
제 의견은 모두가 휴식을 가져야 합니다.

In my opinion, it is a good day to leave.
제 의견은 오늘은 떠나기 좋은 날입니다.

In my opinion, it is a good day to leave Korea.
제 의견은 오늘은 한국을 떠나기 좋은 날입니다.

132 직장내 인간 관계 (Relationship at Work)

I feel that ... / ~인 것 같아.

- 다소 강하지 않지만, 본인의 느낌을 말하고 싶을 때 사용할 수 있는 패턴입니다.
  I feel that 뒤에 어떤 것을 느끼는지에 관해 말하면 됩니다.

회화 톡!

💬 화가 난 보스, 일주일 째 풀리지 않은 것 같은데...

A I feel that my boss is still mad at me.
사장이 여전히 나한테 화났다는 걸 느껴.

B I feel that he has cooled down.
괜찮아진 것 같이 느껴졌는데.

A I'm worried.
걱정된다.

B Don't worry. I'll take care of you.
걱정 마. 내가 도와줄게.

패턴 꽉!

	I can fly.	날 수 있을	
	you are alone.	네가 혼자인	
I feel that	you are very kind.	네가 착한	것 같아.
	you are too young.	네가 너무 어린	
	you are still young.	넌 여전히 어린	

연습 꼭!

I feel that I can do it.	할 수 있을 것 같아.
I feel that I can't do it.	할 수 없을 것 같아.
I feel that I can't make it.	해낼 수 없을 것 같아.

의견에 동의하기/동의하지 않기(To Agree/Not to Agree)

As far as I'm concerned ... / 나로서는~

• 주로 중요한 회사 미팅에서 사용하면 좋은 패턴으로 본인의 의견을 말할 때 적합해요.

회화 톡!

💬 내 아이디어에 반대하는 친구, 다른 친구의 아이디어를 추천하는데...

A Do you agree with my idea?
내 아이디어에 동의해?

B As far as I'm concerned, I can't.
나로서는, 아니.

A Do you agree with Jason, then?
그럼 제이슨 의견에 동의해?

B As far as I'm concerned, I do.
나로서는, 그래.

패턴 꽉!

As far as I'm concerned,	I have to stay here.	나로서는,	여기 있어야 해요.
	I can't go with you.		당신과 함께 못 가요.
	I can't change it.		바꿀 수 없어요.
	I need one more day.		하루가 더 필요해요.
	I need one more week.		일주일이 더 필요해요.

연습 꽉!

As far as I'm concerned, I can't handle it.   나로서는, 처리할 수 없어요.

As far as I'm concerned, I can't show you.   나로서는, 보여줄 수 없어요.

As far as I'm concerned, I can't show you more than that.   나로서는, 이거 이상으로 보여줄 수 없어요.

직장 상사와의 면담 (Meeting with a Superior)

I strongly believe that ... / ~을 굳게 믿고 있습니다.

· 굉장히 자신 있을 때 만 사용하는 I strongly believe that은 스피치용으로 아주 적합한 패턴이지요.

회화 톡!

💬 인턴인 당신, 팀장님과 이야기 중이다.

A I strongly believe that I can do my best here.
제가 이곳에서 최선을 다할 것으로 굳게 믿고 있습니다.

B That's a good sign.
좋네요.

A I strongly believe that I can solve this problem.
제가 이 문제를 풀 수 있다고 굳게 믿고 있습니다.

B I'll give you a chance.
한번 기회를 드리겠습니다.

패턴 꽉!

I strongly believe that	I can go there.	제가 그곳에 갈 수 있다고	굳게 믿고 있습니다.
	I can give you the right answer.	제가 답을 드릴 수 있다고	
	you could finish it.	당신이 그것을 마칠 수 있다고	
	you could finish it by Thursday.	당신이 그것을 목요일까지 끝낼 수 있다고	
	I can go there with you.	내가 그곳에 당신과 함께 갈 수 있다고	

연습 꼭!

I strongly believe that I can make a score.
제가 점수를 낼 수 있다고 굳게 믿고 있습니다.

I strongly believe that they will come.
그들이 올 것이라고 굳게 믿고 있습니다.

I strongly believe that they will come on time.
그들이 제시간에 올 거라고 굳게 믿고 있습니다.

135 해고 (To Fire / To Get fired)

I agree up to a point, but ... / 어느 정도 동의는 하지만~

• 조심스럽게 어느 정도는 동의는 하지만, 아니라고 말할 때 사용합니다.

 회화 톡!

💬 회사 동료를 해고하려는 과장님...

A I'm going to fire Mr. Kim.
김 씨를 해고할 예정이야.

B I agree up to a point, but he worked hard.
어느 정도 동의는 하지만 열심히 일했잖아요.

A I agree up to a point, but he is always late.
동의하지만, 그 사람 항상 지각하잖아.

B Hmm...
음...

 패턴 꽉!

	I'm not sure.		잘 모르겠습니다.
	this is not right.		이건 아니에요.
I agree up to a point, but	it's impossible.	어느 정도 동의는 하지만	불가능해요.
	it's not.		그렇지 않아요.
	it's not true.		사실이 아니에요.

 연습 꽉!

I agree up to a point, but it's very difficult.
어느 정도 동의는 하지만 너무 힘들어요.

I agree up to a point, but you'd better not start.
어느 정도 동의는 하지만 시작하지 않는 게 좋을 거예요.

I agree up to a point, but this is too small.
어느 정도 동의는 하지만 이건 너무 작아요.

칭찬하기 (To Praise)

As I see ... / 제가 볼 때~

• "내가 볼 때는 이러이러하다."라고 말하고 싶을 때 사용되는 패턴입니다. 과하지 않은 표현으로 자주 사용되고 있습니다.

회화 톡!

💬 조심스럽게 물어본 프로젝트, 동료는 칭찬을 아끼지 않는데…

Ⓐ **What do you think of this?**
이거 어떻게 생각해?

Ⓑ **As I see**, this is perfect.
내가 볼 때는 완벽해.

Ⓐ **Are you sure?**
정말이야?

Ⓑ Yes. **As I see**, this is it.
응. 내가 볼 때는 바로 이거야.

패턴 꽉!

As I see,	this is our problem.	제가 볼 때	이건 우리의 문제에요.
	you did your best.		당신은 최선을 다했어요.
	you can do better.		당신은 더 잘할 수 있어요.
	this is what I want.		이게 바로 제가 원하던 거예요.
	you have to review.		당신은 복습해야 할 것 같아요.

연습 꼭!

As I see, you are the winner.

As I see, you have to decide.

As I see, you should take English class.

제가 볼 때 당신이 이겼어요.

제가 볼 때 당신은 결정해야 해요.

제가 볼 때 당신은 영어 수업을 들어야 해요.

시험 기간 (The Exam Period)

In my view ... / 제 생각에는~

· 회화뿐만 아니라 에세이나 논문을 쓸 때도 좋은 표현입니다. 'In my view, 주어 + 동사'의 형태로 사용합니다.

회화 톡!

💬 시험을 망친 당신, 재시험을 보고 싶은데...

A **In my view**, I have to take my test again.
내 생각에 시험 다시 봐야 할 것 같아.

B Can you do that?
그렇게 할 수 있어?

A **In my view**, I can't. But I'll ask my teacher.
내 생각에 안 될 것 같은데 선생님께 물어봐야지.

B Good luck.
잘 되길 바라.

패턴 꽉!

In my view,	we have to start this.	제 생각에	우리는 이것을 시작해야 할 것 같아요.
	we have to start this again.		우리는 이것을 다시 시작해야 할 것 같아요.
	you are wrong.		당신이 틀렸어요.
	you are right.		당신이 맞아요.
	you have a good point.		당신이 좋은 포인트를 갖고 있네요.

연습 꽉!

In my view, we have to reschedule. 제 생각에 우리 스케줄을 다시 짜야 할 것 같아요.

In my view, we can't go for it. 제 생각에 우리는 그거 못해요.

In my view, you have to call the office. 제 생각에 당신은 사무실에 전화해야 해요.

138 시험 성적 (The Exam Score)

I totally disagree with … / 저는 전적으로 ~에 동의할 수 없어요.

· 강한 부정을 나타내는 패턴으로 100% 이상의 의견을 제시할 수 있어요.

 회화 톡!

 최선을 다한 논문 점수에 동의할 수 없는 당신

A Here you are. This is your score.
여기 있다. 네 점수.

B I totally disagree with this score.
전 이 점수에 동의할 수 없습니다.

A What are you talking about?
무슨 말을 하는 거야?

B Never mind.
아니에요.

패턴 꽉!

I totally disagree with	you.	당신에게	
	your opinion.	당신의 의견에	
	your answer.	당신의 답에	절대 동의하지 않습니다.
	this.	이것에	
	that part.	그 부분에	

 연습 꽉!

I totally disagree with my boss.	사장님에게 절대 동의하지 않아.
I totally disagree with him.	그에게 절대 동의하지 않아.
I totally disagree with his opinion.	그의 의견에 절대 동의하지 않아.

139 법정에 서다 (Standing Up in Court)

I'm absolutely convinced that ... / 나는 ~을 정말로 확신합니다.

· 중요한 자리에서 쓸 수 있는 패턴입니다.

I'm absolutely convinced that 뒤에 주어 동사를 완벽히 넣어 문장을 만들어야 합니다.

 회화 톡!

💬 피고인의 증인으로 나서게 된 당신...

A Do you have anything to say?
더 하실 말씀 있으십니까?

B **I'm absolutely convinced that** he is not a murderer.
저는 그가 살인자가 아니라는 것을 정말로 확신합니다.

A How do you know?
어떻게 알죠?

B **I'm absolutely convinced that** he is not a murderer because he was home that day.
저는 그가 살인자가 아니라는 것을 정말로 확신합니다. 왜냐하면, 그는 그날 집에 있었습니다.

패턴 꽉!

I'm absolutely convinced that	this video is too expensive.	그 비디오가 비싸다는	것을 난 정말로 확신해.
	you're going to spend all your money.	네가 돈을 다 쓸 것이란	
	you'll be satisfied with my new product.	내 새 프로젝트에 만족할 것이란	
	he'll leave tomorrow.	그가 내일 떠날 것이란	
	I can check this until 10:00 pm.	내가 오후 10시까지 체크할 수 있다는	

 연습 꽉!

I'm absolutely convinced that you'll regret it.
당신이 후회할 것이란 걸 정말로 확신합니다.

I'm absolutely convinced that you will come
and say "I'm sorry."
당신이 내게 와서
미안하다고 할 것을 정말로 확신합니다.

I'm absolutely convinced that this is the last chance.
이것이 마지막 기회란 것을 정말로 확신합니다.

바람둥이 (A Playboy)

That's quite true, but ... / 맞는 말이지만~

· 그건 맞는 말이지만 'but'이 들어가 반대 의견을 말할 수 있어요. That's quite true. "맞는 말이야."라고도 쓸 수 있습니다.

회화 톡!

... 바람피운 남자 친구에게 화난 친구, 위로해 주는데...

A He is quite a jerk.
걔는 정말 나쁜 놈이야.

B **That's quite true, but** he is not a bad guy.
맞는 말이지만 그렇게 나쁜 사람은 아니야.

A Yes, he is.
나쁜 놈이야.

B **That's quite true, but** he didn't mean to heart you.
맞는 말이지만 너를 아프게 할 생각은 없었을 거야.

패턴 꽉!

That's quite true, but	let's think about it.		생각해 보자.
	but let's think about it one more time.		한 번 더 생각해 보자.
	but I'm not going.	맞는 말이지만,	난 안가.
	but I'm not going with you.		난 너랑 안가.
	but I'll get this.		난 이걸 살 거야.

연습 꽉!

That's quite true, but I'm going to call her.　　　맞는 말이지만, 난 그녀에게 전화할 거야.

That's quite true, but we have no time.　　　　　맞는 말이지만, 우리는 시간이 없어.

That's quite true, but I have to call her.　　　　　맞는 말이지만, 난 그녀에게 전화해야 해.

가장 많이 사용하는 문장

생생문화 07 미국인이 가장 많이 사용하는 문장 BEST #1

다음에 나오는 문장은 짧지만 아주 유용하게 쓰이는 문장과 감탄사입니다.
실생활에 적용하면 정말 리얼~한 대화를 할 수 있겠죠?
상대방이 얘기하는 말에 대한 추임새 또한 대화에서 빼놓을 수 없을 것 같네요.
이 정도는 바로 외워버리자고요~ ^^

Absolutely. 물론이죠.

Always. 항상 그렇지요.

Any time. 언제 라도요.

Anything else? 다른 건 더 없나요?

Are you serious? 정말이에요?

Are you kidding? 정말이에요? (장난하는거에요?)

Awesome. 멋지다.

Be my guest. 사양하지 마세요.

Can't argue with that. 논란의 여지가 없죠.

Can't be better than this. 이것보다 더 좋을 순 없지요.

Catch you later. 나중에 봐요.

Certainly. (확실히) 그렇죠.

Check it out. 확인해 봐.

Come on. 설마.

Did you get it? 이해했어요?

Disgusting. 기분 나빠.

Exactly. 바로 그거죠.

Forget it. 잊어버려.

Gladly. 기꺼이 할게요.

Go ahead. 하세요/가세요.

Good luck. 행운을 빌어요.

Good for you. 잘 되었네요.

Guess what? 맞춰봐

Hang on! 잠깐만

Have fun! 재미있게 놀아

Help yourself 마음껏 드세요

Here you are 여기 있어요

How come? 왜?

15 취미와 SNS

여가를 어떻게 보내시나요?
다양한 취미 생활에 대해 알아보아요.

친구 만나기 / 페이스북 / 인스타그램 / 트위터 / 블로그 /
음악 / 사진 / 외국어 / 컴퓨터 게임 / 요리

MP3

학습점검

다음 빈칸에 어떤 말이 들어갈까요? 알면 Yes, 모르면 No에 체크하세요.

Yes No

01 이번 주말에 **뭐해**?
_____ do this weekend?

02 피아노 쳐본 **적 있어**?
_____ played the piano?

03 나 컴퓨터 게임이 **지겨워**.
_____ playing computer games.

04 회사 프로젝트 때문에 리서치 **해야 해**.
_____ do some research for my new project.

05 인스타를 시작할 **때야**.
_____ start Instagram.

06 **실은**, 나 중국어를 배워야 해.
_____ I have to learn how to speak Chinese.

07 내 결혼식 사진을 찍어 줄 수 있다는 **게 사실이야**?
_____ you can take our wedding pictures?

08 오늘 엄마표 음식을 만들어 **줬으면 해**.
_____ cook for me.

09 페북에 사진 어떻게 올리는지 **알아**?
_____ how to upload photos on Facebook?

10 나 팔로우 **하는 거 잊지 마**!
_____ follow me!

what are you going to / Have you ever / I'm tired of / I'm supposed to / It's time to / The thing is, / Is it true that / I need you to / Do you know / Don't forget to

친구 만나기 (Meeting friends)

What are you going to...? / 당신은 ~을 할 건가요?

- '무엇을 할 예정인가요?'을 물을 때는 'what are you going to do' 뒤에 요일이나 날짜를 넣어 사용할 수 있어요.
  do 대신 eat, drink도 함께 사용해보아요!

회화 톡!

💬 친한 친구에게 전화가 온 당신, 주말에 약속을 잡으려고 하는데…

🅐 Hey Rina, **what are you going to** do this weekend?
리나, 이번 주말에 뭐해?

🅑 Nothing. **What are you going to** do?
아무 약속 없어. 너는 뭐 할 거야?

🅐 How about a movie on Saturday?
토요일에 영화 어때?

🅑 Oh, sure! Let's go together.
오, 그래! 함께 가자.

패턴 꼭!

What are you going to	do?			
	do this Sunday?		일요일에	
	eat/have?	무엇을	먹을	(할) 건가요?
	drink?		마실	
	buy/get?		살	

연습 꼭!

What are you going to do on Wednesday?	수요일에 뭐할 거야?
What are you going to do next week?	다음 주에 뭐할 거야?
What are you going to do next Wednesday?	다음 주 수요일에는 뭐할 거야?

142 페이스북 (Using Facebook)

Do you know...? / 당신은 ~을 알고 있나요?

· 자주 사용되는 패턴으로 "~을 알고 있나요?"라고 상대방에게 물을 때 사용됩니다.

 회화 톡!

💬 글로벌 시대인 만큼 SNS를 시작하려는 당신! 처음으로 Facebook에 가입했는데...

A **Do you know** how to upload photos on Facebook?
페북에 사진 어떻게 올리는지 알아?

B First, click "upload photo". Next, select the photo that you want to upload.
먼저, 사진 업로드를 눌러. 그리고 올리고 싶은 사진을 골라.

A **Do you know** how to Photoshop?
포토샵은 어떻게 하는지 알아?

B Of course.
당연하지.

 패턴 꽉!

Do you know	me?	나	
	that?	그거	
	where it is?	그거 어디 있는지	**알아요?**
	what I mean?	내 말이 무슨 뜻인지	
	how to make a pancake?	팬 케이크 어떻게 만드는지	

 연습 꾁!

Do you know how to do it?   그거 어떻게 하는지 알아요?

Do you know how to get there?   거기 어떻게 가는지 알아요?

Do you know what I want to do?   내가 뭘 하고 싶은지 알아요?

인스타그램 (Using Instagram)

It's time to ... / ~할 때야, ~할 시간이야.

• 'to + 동사원형 혹은 for + 명사'를 덧붙여 말하면 됩니다.

회화 톡!

💬 Facebook을 시작했지만, Instagram을 추천하는 친구

A It's time to start Instagram.
인스타를 시작할 때야.

B I already have Facebook and Twitter.
나 이미 페북이랑 트위터 있는데?

A I know. But nowadays, people do Instagram more than Facebook.
알아. 하지만 요즘 사람들은 페북보다 인스타를 더해.

B Really? Alright, then. It's time to start it!
정말? 알겠어. 인스타를 시작할 때가 왔군!

패턴 꽉!

It's time to	study.	공부	(할) 시간이야.
	say good-bye.	이별	
	get up/wake up.	일어날	
	call him.	그에게 전화	
	call it a day.	하루를 마무리	

연습 꽉!

It's time to sleep.	잘 시간이야.
It's time to work.	일 할 시간이야.
It's time to party.	파티를 열 시간이야.

144 트위터 (Using Twitter)

Don't forget to ... / ~하는 거 잊지 마.

- 'Don't forget to' 뒤에는 동사원형을 사용합니다. 유사패턴으로는 'Remember to / Make sure to'가 있어요.

 회화 톡!

💬 새로 사귄 친구와 서로 팔로잉을 하려고 하는 당신!

A Do you have Twitter?
트위터 있어?

B Yes I do. What's your ID?
응. 아이디가 뭐야?

A JEONRINA. **Don't forget to** follow me!
JEONRINA야. 나 팔로우 하는 거 잊지 마!

B Sure. My ID is GGGGG. **Don't forget to** twit me tonight!
당연하지. 내 아이디는 GGGGG. 오늘 밤 트윗 보내는 거 잊지 마!

패턴 꽉!

Don't forget to	run.	뛰	(하)는 거 잊지 마.
	tell me.	나한테 말	
	give it back.	나한테 주	
	call me.	나한테 전화	
	e-mail me.	나한테 이메일 보내	

연습 꽉!

Don't forget to finish your work.
일 끝내는 거 잊지 마.

Don't forget to finish your project.
프로젝트 끝내는 거 잊지 마.

Don't forget to finish your project by today.
프로젝트 오늘까지 끝내는 거 잊지 마.

145 블로그 (Blogging)

I'm / You're supposed to ... 나는/너는 ~해야 한다, ~하기로 되어있다.

· 'be supposed to + 동사원형'의 형태로 "~해야 한다."라는 뜻으로 사용합니다.

회화 톡!

💬 회사 리서치를 위해 웹서핑을 하던 당신, 많은 블로그를 접하게 되는데...

A **I'm supposed to** do some research for my new project.
회사 프로젝트 때문에 리서치 해야 해.

B Why don't you check some blogs on the internet?
블로그 좀 보는 건 어때?

A Do you think I can get some ideas from there?
거기서 정보 좀 얻을 수 있을 거 같아?

B Why not. **You're supposed to** finish it by this Wednesday. Hurry up.
당연하지. 이번 주 수요일까지 끝내야 하잖아. 서둘러.

패턴 꽉!

	dress up for the wedding ceremony.		결혼식에 정장을 입	게 되어있습니다.
You're supposed to	work from next month.	당신은	다음 달부터 일	
	work this weekend.		이번 주에 일	하기로 되어있습니다.
I'm supposed to	study English.	나는	영어 공부를	
	study English every day.		매일 영어 공부	

연습 꼭!

You're supposed to love me.   날 사랑하게 되어있습니다.

You're supposed to leave tomorrow.   내일 떠나기로 되어있습니다.

You're supposed to e-mail me by tomorrow.   내일까지 저에게 이메일을 보내게 되어있습니다.

146

음악 (Music)

Have you (ever)...? / ~을 해본 적 있나요?

• 무엇을 해본 적 있는지 물을 때 사용되는데, Have you (ever)를 넣을 경우 '단 한 번이라도'가 강조됩니다.

회화 툭!

💬 친구와 음악 이야기를 하는 당신, 어떤 악기를 다룰 줄 아는지 묻는데…

A Have you ever played the piano?
피아노 쳐본 적 있어?

**B Yeah, I used to play when I was in University.
응. 대학교 때 연주했었어.

A Have you ever played any instrument?
너는 악기 연주해본 적 있어?

**B I used to play the guitar when I was in high school.
응. 나 고등학교 다닐 때 기타 연주했었어.

패턴 꽉!

	played golf?	골프 쳐
	played golf in Korea?	한국에서 골프 쳐
Have you ever	been to Europe?	유럽 가
	heard about it?	그 이야기에 대해 들어
	been to the Rocky mountains?	로키 산을 가

본 적 있나요?

연습 꽉!

Have you ever thought about it? 그것에 대해 생각해 본 적 있어?
Have you ever talked to Rina? 리나랑 이야기해 본 적 있어?
Have you been there? 거기 가 본 적 있어?

147 사진 (Photography)

Is it true (that) ···? / ~라는 게 사실인가요?

• "그게 정말이야?"라고 확인할 때 쓰는 패턴입니다. true 뒤에는 주어+동사를 사용합니다.

회화 톡!

💬 결혼사진을 찍어 준다는 친구, 고마운 마음에 한턱 쏘기로 한 당신...

A **Is it true that** you can take our wedding pictures?
내 결혼식 사진을 찍어 줄 수 있다는 게 사실이야?

B Yes, I majored in photography in college.
응. 나 대학교에서 사진 전공했거든.

A Great! I can treat you if you could help me.
잘됐다! 만약 도와주면 한턱 쏠게.

B I'd love to.
그렇게 할게.

패턴 꽉!

Is it true	?	그	
	you can speak English?	네가 영어를 할 수 있	
	you broke up?	헤어졌	(다는) 게 사실이야?
Is it true that	you broke up with him?	그와 헤어졌	
	you got a bonus?	네가 보너스를 받았	

연습 꼭!

Is it true she passed?	그녀가 통과했다는 게 사실이야?
Is it true she passed the exam?	그녀가 시험을 통과했다는 게 사실이야?
Is it true she passed the exam last week?	그녀가 저번 주에 시험을 통화했다는 게 사실이야?

외국어 (Foreign Languages)

The thing is ... / 실은 ~, 문제는 ~

· 'The thing is'는 상대방에게 중요한 일을 말하거나 시작할 때 쓰여요. 원어민들이 자주 사용하는 패턴이니 꼭 외워둡시다!

회화 톡!

💬 학원을 알아보는 당신! 중국어와 일본어 중 하나를 배우려고 하는데...

A The thing is, I have to learn how to speak Chinese.
실은. 나 중국어를 배워야 해.

B Why do you need Chinese?
왜 중국어가 필요한데?

A The thing is, I have to communicate with Chinese for my new project.
실은, 이번 새로운 프로젝트 때문에 중국 거래처와 만나야 하거든.

패턴 꽉!

	I made a big mistake.		내가 큰 실수를 했다는 거야.
	there is no answer.		답이 없다는 거야.
The thing is,	I got fired from my company.	문제는,	내가 회사에서 해고당했다는 거야.
	I don't have enough time.		내가 시간이 없다는 거야.
	there is no one who can help.		도와줄 사람이 없다는 거야.

연습 꼭!

The thing is, I can't trust you. | 문제는, 내가 너를 믿을 수 없다는 거야.

The thing is, I can't trust you any more. | 문제는, 내가 너를 더 이상 믿을 수 없다는 거야.

The thing is, I'm getting old. | 문제는, 내가 늙어가고 있다는 거야.

149 컴퓨터 게임 (A Computer Game)

I'm tired of ... / ~(게) 지겨워요, ~(게) 싫증 나요.

• 'be tired of~' '무언가 싫증나다' '지겹다.'라는 표현으로 of 뒤에 명사/동사를 붙여요.

🖐 회화 톡!

💬 오랫동안 해왔던 컴퓨터 게임이 지겨운 당신, 다른 게임을 찾아보는데...

A I'm **tired of** playing computer games.
나 컴퓨터 게임이 지겨워.

B Me, too. I play mobile games now.
맞아, 그래서 난 핸드폰 게임을 해.

A I'm **tired of** playing mobile games, too.
난 모바일 게임도 질리던데.

B Good for you.
그게 더 너한테 좋아.

✌ 패턴 꽉!

I'm tired of	going out with Rina.		난	리나와 사귀는	(게) 지겨워.
	you.			네가	
	my job.			내 일이	
	meeting new people.			새로운 사람을 만나는	
	being poor.			가난이	

연습 꼭!

I'm tired of living the same life.	난 반복되는 삶이 지겨워.
I'm tired of talking to you.	난 너와 이야기 하는 게 지겨워.
I'm tired of arguing with you.	난 너랑 다투는 게 지겨워.

요리 (Cooking)

I need you to ... / 난 네가 ~해 주길 원해.

• "I need you to~"는 상대방에게 부탁할 때 사용하는 패턴입니다. "당신이 날 위해 무언가 해 주었으면 한다."라는 말투로 주로 거리낌 없는 가까운 친구 사이나 가족, 연인 사이에 사용하지요.

회화 톡!

💬 오늘따라 엄마 밥이 먹고 싶은 당신. 엄마에게 전화를 걸어 보는데…

A Mom, **I need you to** come tonight.
엄마, 오늘 좀 와 줬으면 해.

B What's wrong?
무슨 일이니?

A **I need you to** cook for me.
나는 엄마가 음식을 만들어 줬으면 해.

B I'm sorry to say this, but I'm out on a date with your dad.
아들 미안. 지금 아빠랑 데이트 중이란다.

패턴 꽉!

	know.		알아주	
	be honest.		솔직	
I need you to	join us.	난 네가	우리와 함께	(하)길 원해.
	be quiet.		조용	
	come here.		이곳에 오	

연습 꽉!

I need you to understand.   난 네가 이해해 주길 원해.

I need you to do your homework.   난 네가 숙제를 하길 원해.

I need you to be home on time.   난 네가 집에 제시간에 오길 원해.

16 유학/이민

외국에 나가면 사서 고생이라 하지만,
그래도 새로운 생활이 정말 기대되네요.

어학연수 / 수강신청 / 유학 / 워킹홀리데이 /
워킹홀리데이(농장에서 일하기) / 워킹홀리데이(주방에서
일하기) / 홈스테이 / 가디언 / 룸메이트 / 이민

MP3

Yes No

☐☐ **01**   도움 **고마워요.**

_____ your help.

☐☐ **02**   **언제 일할 것 같아?**

_____ work?

☐☐ **03**   그 날을 잊을 수 없을 거야.

_____ the day.

☐☐ **04**   여기 지내는 것에 **익숙해.**

_____ to staying here.

☐☐ **05**   집을 구하지 못하겠다는 **말씀이세요?**

_____ you can't find me a house?

☐☐ **06**   **그건 바로** 요리를 배우고 싶기 **때문이야.**

_____ I want to learn how to cook.

☐☐ **07**   수강료는 **냈어?**

_____ paying your school fee?

☐☐ **08**   **부담 갖지 말고** 내 화장실 사용해.

_____ use my bathroom.

☐☐ **09**   밴쿠버 여행은 **정말 좋았어.**

_____ traveling Vancouver.

☐☐ **10**   한국 사람들을 피하는 게 좋을 거야.

_____ Koreans.

어학연수 (Going Abroad for Language Studies)

You'd better avoid ... / ~을 피하는 게 좋을 거야.

• 누군가에게 조언해줄 때 사용하면 좋은 패턴입니다.

회화 톡!

💬 이미 일본 어학연수를 다녀온 친구에게 정보를 얻는 당신

A I'm going to Japan next month.
나 다음 주에 일본 가.

B **You'd better avoid** Koreans.
한국 사람들을 피하는 게 좋을 거야.

A What are you talking about?
무슨 소리 하는 거야?

B If you want to learn Japanese, **you'd better avoid** them.
일본어를 공부하고 싶으면 그들을 멀리하는 게 좋을 거야.

패턴 꽉!

You'd better avoid	that person.	그 사람	을/를 피하는 게 좋을 거야.
	the homeless.	노숙자	
	dating her.	그녀와 데이트	
	singing in your room.	네 방에서 노래하는 걸	피하는 게 좋을 거야.
	doing that.	그것	을 하지 않는 게 좋을 거야.

연습 꽉!

You'd better avoid those guys. 그 사람들을 피하는 게 좋을 거야.

You'd better avoid those guys
because they are dangerous. 그 사람들은 위험하니까 피하는 게 좋을 거야.

You'd better avoid those guys all the time
because they are dangerous. 그 사람들은 위험하니까 언제나 피하는 게 좋을 거야.

152 수강신청 (Signing Up for Courses)

Did you finish V + ing ...? / 너 ~끝냈어?

• Did you finish + 동사 ~ing 사용해서 '무엇'을 끝냈는지 물어보아요.

 회화 톡!

💬 수강신청 작성을 끝냈는지 물어보는 엄마

A **Did you finish** filling up the forms?
폼 작성 끝났어?

B No. I had so many things to do.
아니. 할 일이 너무 많아.

A **Did you finish** paying your school fee?
수강료는 냈어?

B Yes, I've done it last week.
응. 지난주에 냈어.

패턴 꽉!

	cleaning your bathroom?	화장실 청소	
	reading?	읽는 건	
Did you finish	eating?	식사는	끝냈어?
	jumping?	점프는	
	playing games?	게임은	

 연습 꽉!

Did you finish taking the final exam?   마지막 시험은 끝냈어?

Did you finish exercising?   운동은 끝냈어?

Did you finish taking a shower?   샤워는 끝냈어?

유학 (Studying Abroad)

I really appreciate ... / ~에 정말 감사드려요.

· "Thank you." 보다 더 고급스러운 감사의 표현입니다.

👆 **회화 톡!**

💬 유학을 준비하는 당신, 외국에 살다 온 선생님에게 도움을 청하는데...

A I want to study abroad.
외국에서 공부하고 싶어요.

B I can give you some information.
정보를 줄게.

A I really appreciate your help.
도움 고마워요.

B Which city do you want to go to?
어느 나라로 가고 싶니?

✌️ **패턴 꽉!**

	it.	그것
	your effort.	당신의 노력
I really appreciate	your advice.	당신의 조언	에 정말 감사해요.
	what I have.	내가 가진 것
	your work.	당신의 일

 연습 꽉!

I really appreciate your love.　　　　당신의 사랑에 정말로 감사해요.

I really appreciate your trust.　　　　당신의 믿음에 정말로 감사해요.

I really appreciate your answer.　　　당신의 답변에 정말로 감사해요.

154 워킹홀리데이 (Working Holiday)

I really enjoyed V+ing ... / 난 정말 ~을 즐겼어.

• 어떤 일이 굉장히 즐거웠다고 말할 때 적합한 패턴으로 really가 함께 있으니 "정말 ~을 즐겼어"라는 표현이 완성되네요.

 회화 톡!

💬 워킹홀리데이에 다녀온 친구와 이야기하는 당신

🅐 Rina! I heard that you've been to Vancouver for working holiday.
리나! 너 밴쿠버로 워킹홀리데이 다녀 왔다며.

🅑 Yes, I **really enjoyed** traveling in Vancouver.
응, 밴쿠버 여행은 정말 좋았어.

🅐 Did you go to school, too?
학교도 간 거야?

🅑 In the Philippines. I **really enjoyed** studying there.
필리핀에서. 정말 즐겁게 공부했어.

 패턴 꽉!

I really enjoyed	learning English.		영어 배우는 것	
	teaching students.		학생들을 가르치는 것	
	meeting you.	난	너를 만나는 것	을 정말 즐겼어.
	staying there.		그곳에서 지낸 것	
	traveling France.		프랑스 여행	

 연습 꽉!

I really enjoyed dancing in the club.
난 정말 클럽에서 춤추는 것을 정말 즐겼어.

I really enjoyed drinking beers.
맥주 마시는 것을 정말 즐겼어.

I really enjoyed studying in Canada.
캐나다에서 공부하는 것을 정말 즐겼어.

155 워킹홀리데이(농장에서 일하기) Working at a Farm

When do you expect to ... / 언제 ~할 것 같아요?

• expect는 '예상하다'라는 뜻입니다. When이 들어가 '언제 무엇을 할 것 같아요?'라는 문장이 됩니다.

 회화 톡!

💬 호주에 워킹홀리데이로 가게 된 당신, 농장에서 일하기로 했는데...

Ⓐ **When do you expect to work?**
언제 일할 것 같아?

Ⓑ **I'm going to work from next Friday.**
다음 주 금요일부터 일할 것 같아.

Ⓐ **When do you expect to leave Korea?**
한국을 언제 떠날 것 같아?

Ⓑ **I'm going to leave next Tuesday.**
다음 주 화요일에 떠날 것 같아.

 패턴 꽉!

When do you expect to	move?		이사	
	finish?		끝날	
	work there?	언제	거기서 일	(할) 것 같아?
	meet?		만날	
	visit?		방문	

연습 꼭!

When do you expect to call?	언제 전화 할 것 같아?
When do you expect to call him?	언제 그에게 전화 할 것 같아?
When do you expect to call and meet him?	언제 그에게 전화하고 만날 것 같아?

212 •

워킹홀리데이(주방에서 일하기) Working in a Kitchen

That's because ... / 그건 바로 ~이기 때문이에요.

- That's because는 뒤에 '원인'이 와서 "~이기 때문이다"라는 뜻으로 쓰이며, 비슷한 말로 That's why는 뒤에 '결과'가 나오고 "~한 이유이다"라는 의미로 사용됩니다.

회화 톡!

💬 밴쿠버 워킹홀리데이를 가게 된 친구, 주방에서 일하고 있다고 하는데...

A Why do you work there?
왜 거기서 일해?

B That's because I want to learn how to cook.
그건 바로 요리를 배우고 싶기 때문이야.

A Why do you want to learn how to cook?
왜 요리를 배우고 싶은데?

B That's because my chef is handsome.
그건 바로 우리 주방장이 잘 생겼기 때문이야.

패턴 꽉!

	I love you.		너를 사랑	
	I want you.		너를 원	
That's because	you are my friend.	그건 바로	네가 나의 친구	이기/하기 때문이야.
	I like him.		내가 그를 좋아	
	I have to leave.		내가 떠나야	

연습 꽉!

That's because you are my mom.   그건 바로 당신이 나의 어머니이기 때문이야.

That's because I want to learn.   그건 바로 내가 배우고 싶기 때문이야.

That's because I love my family.   그건 바로 내 가족을 사랑하기 때문이야.

157 홈스테이 (A Homestay)

I'm accustomed to V+ing ... / 난 ~에 익숙해.

• "난 무언가에 익숙해"라고 할 수 있는 패턴입니다. 별생각 없이 툭 내뱉는 정도의 느낌으로 쓸 때 딱 적당하지요.

회화 톡!

💬 홈스테이가 생각보다 만족스러워 보이지 않는 친구

A How's your homestay?
홈스테이는 어때?

B I'm accustomed to staying here.
여기 지내는 것에 익숙해.

A Are they nice to you?
잘해줘?

B Kind of. I'm accustomed to being alone.
그런 것 같아. 혼자 지내는 것에 익숙해.

패턴 꽉!

I'm accustomed to	working.	일	
	working everyday.	매일 일	
	working long hours everyday.	매일 오래 일	(하)는 것에 익숙해.
	paying money.	돈 내	
	snowboarding.	보드 타	

 연습 꽉!

I'm accustomed to eating nothing.   아무것도 안 먹는 것에 익숙해.

I'm accustomed to to getting up early.   일찍 일어나는 것에 익숙해.

I'm accustomed to to using both hands.   양손을 쓰는 것에 익숙해.

가디언 (A Guardian)

Do you mean...? / 당신 말은 ~에요?

- 보통 원어민들은 주어 Do를 생략하고 "You mean...?"으로 말해요.
  작문할 때는 'Do you mean'으로 영어를 말로 할 때는 'Do'를 생략해 보아요.

회화 톡!

💬 아직 집을 구하지 못했다는 가디언, 홈스테이를 부탁해 보는데...

A You have to stay at my house for a month.
우리 집에서 한 달 있어야 할 것 같아.

B **Do you mean** you can't find me a house?
집을 구하지 못하겠다는 말씀이세요?

A I'm trying to.
노력 중이야.

B Please find a home stay for me.
홈스테이로 찾아주세요.

패턴 꽉!

	you can't help?		도와줄 수 없다
	you can't help me?		날 도와줄 수 없다
Do you mean	you hate it?	당신 말은	그게 싫다 는 거예요?
	you don't want it?		그걸 원하지 않는다
	you can't get it?		그걸 가질 수 없다

연습 꽉!

Do you mean you can't go?   당신 말은 갈 수 없다는 거예요?

Do you mean you can't make it?   당신 말은 할 수 없다는 거예요?

Do you mean you want something new?   당신 말은 새로운 것을 원한다는 거예요?

룸메이트 (A Roommate)

Feel free to ... / 부담 갖지 말고 ~하세요.

• Feel free to + 동사원형을 사용해 '편하게 ~하세요'을 배워봅시다.

회화 툭!

💬 호주에서 일본 룸메이트를 만나게 된 당신

A **Feel free to** use my bathroom.
부담 갖지 말고 내 화장실 사용해.

B Thanks. I want to learn how to speak Japanese.
고마워. 나 일어 배우고 싶어.

A Oh, really? **Feel free to** use my text books.
정말? 그럼 부담 갖지 말고 내 책 봐.

B How nice of you!
너 정말 괜찮은 애구나!

패턴 꽉!

	call me.		전화	
	stay in my house.		저희 집에서 지내	
Feel free to	use my umbrella.	부담 갖지 말고	우산 쓰	(하)세요.
	take this.		가져가	
	study.		공부	

연습 꽉!

Feel free to come.	부담 갖지 말고 오세요.
Feel free to write.	편하게 적으세요.
Feel free to use.	부담 갖지 말고 사용하세요.

160 이민 (Immigration)

I'll never forget ... / ~했던 걸 잊지 않을 거야.

- 무언가 잊지 않을 거라는 말을 할 때 쓰는 표현입니다.
- never '절대'를 써서 소중한 기억들이나 몹시 나쁜 기억을 표현할 때 적합하다.

회화 톡!

💬 엄마와 오랜만에 이야기를 나누는 당신, 벌써 이민을 온 지도 10년이 지났는데...

A Mom, Do you remember our first day in the States?
엄마, 우리 처음 미국에 온 날 기억나?

B I do. **I'll never forget** the day.
물론이지. 그 날을 잊을 수 없을 거야.

A It's been a long time.
오랜 시간이 지났네.

B **I'll never forget** the first day.
난 절대 첫날을 잊지 않을 거야.

패턴 꽉!

	you.		너	
	your love.		너의 사랑	
I'll never forget	your kindness.	결코	너의 친절함	을/를 잊지 않을 거야.
	your name.		너의 이름	
	my wedding day.		나의 결혼식	

연습 꽉!

I'll never forget my mom's smile.　　　　결코 엄마의 웃음을 잊지 않을 거야.

I'll never forget your voice.　　　　　　결코 너의 목소리를 잊지 않을 거야.

I'll never forget my wonderful days.　　결코 행복했던 시간을 잊지 않을 거야.

가장 많이 사용하는 문장

미국인이 가장 많이 사용하는 문장 BEST #2

두 번째 시간입니다. 문장 길이가 짧아요~ 이 정도는 바로 외워버리자고요~ ^^

I have no idea. 전혀 몰라요.
I get it. 알아들었어요.
I made it. 제가 해냈어요.

Just kidding. 농담이에요.
Just looking. 그냥 보는 거예요. (아이쇼핑이라는 뜻)

Keep in touch. 계속 연락합시다.

Let me see. 어디 보자.
Let's eat out. 외식하자.
Let it be! 내버려 둬!
Let's try. 해보자.

Money talks. 결국 돈이지 뭐.
My pleasure. 제 기쁨입니다.

Never mind. 신경 쓰지 마세요.
Never too late. 늦었다고 생각하지 마.
No kidding. 그럴 리가.
No way. 절대 안 돼.
Not too good. 그저 그래.

Ouch! 아야! (다쳤을 때)

So what? 그래서 어쩌라고?
Speaking. 말씀하세요.

Take your time. 천천히 하세요.

Uh-uh! 이런!

17 여행

여행! 정말 설레는 단어입니다.
가고 싶은 곳이 정말 많네요. 어디로 갈까요?

공항 / 기내서비스 / 입국심사 / 면세점 / 호텔 레스토랑 /
미국 / 프랑스 / 캐나다 / 일본 / 중국

MP3

다음 빈칸에 어떤 말이 들어갈까요? 알면 Yes, 모르면 No에 체크하세요.

Yes No

☐☐ **01** 출장차 여기 왔어요.
　　　　　　　　business.

☐☐ **02** 내가 비행기를 탈 줄은 몰랐어.
　　　　　　　　I would take an airplane.

☐☐ **03** 리나에 대해 말하고 있는 거라고!
　　　　　　　　Rina!

☐☐ **04** 어떤 음료로 준비해 드릴까요?
　　　　　　　　to drink?

☐☐ **05** 제씨는 제가 잘 볼게요.
　　　　　　　　Jessie.

☐☐ **06** 누구랑 함께 가고 싶은데?
　　　　　　　　want to go with?

☐☐ **07** 디저트를 주시겠어요?
　　　　　　　　some dessert?

☐☐ **08** 내가 같이 갈 수 있는지 볼게.
　　　　　　　　I can go with you.

☐☐ **09** 피자 먹는 걸 멈출 수가 없어.
　　　　　　　　eating this pizza.

☐☐ **10** 무엇을 찾고 있나요?
　　　　　　　　something?

공항 (At the Airport)

I (have) never thought (that) ... / ~할 줄은 몰랐어.

· "~할 줄 몰랐다."라고 말하는 표현으로 thought 뒤에 동사를 넣으면 됩니다.

회화 톡!

💬 공항에서 친구를 만난 당신, 반가운 마음에 인사를 나누는데...

A I've never thought I would see you here.
여기서 널 볼 줄 몰랐어.

B Oh, my god! Hi, Rina~.
세상에! 리나야~.

A So, where are you going?
그래서 너 어디가?

B Hawaii. I've never thought I would take an airplane.
하와이. 내가 비행기를 탈 줄은 몰랐어.

패턴 꽉!

	about it.	그 문제에 대해 생각해	본 적 없어.
	I would get an 'A'.	'A'를 받을	
I never thought	I would see him.	그를 볼	줄은 몰랐어.
	I would see him again.	그를 다시 볼	
	I would see you cry.	네가 우는 걸	

연습 꽉!

I never thought I would fall in love.   내가 사랑에 빠질 줄은 몰랐어.

I never thought I would fall in love again.   내가 다시 사랑에 빠질 줄은 몰랐어.

I never thought I would fall in love with you.   너와 사랑에 빠질 줄은 몰랐어.

162 기내서비스 (In-flight Service)

What would you like ... / 당신은 ~을 원하십니까?

· "What would you like?" 상대방에게 "무엇으로 하시겠습니까?"라고 물을 때 유용한 표현으로 보통 식당에서 사용됩니다.

 회화 톡!

💬 기내식을 준비해주는 승무원과 대화 중이던 당신, 요리를 주문하는데...

Ⓐ **What would you like** to drink?
어떤 음료로 준비해 드릴까요?

Ⓑ Just water, please.
그냥 물 주세요.

Ⓐ **What would you like** for dinner? We have steak, fish and chicken.
저녁은 어떤 것으로 준비해 드릴까요? 소고기. 생선 치킨 요리가 있습니다.

Ⓑ I'll have chicken, please.
치킨으로 주세요.

패턴 꽉!

What would you like	to say?		말씀하시겠	어요?
	to do?		할	건가요?
	to buy?	무엇을	살	
	to know?		알고	싶나요?
	to eat?		먹고	

 연습 꼭!

What would you like to see?	당신은 무엇을 보고 싶나요?
What would you like to make?	당신은 무엇을 만들고 싶나요?
What would you like to have?	당신은 무엇을 갖고 싶나요?

입국심사 (Going Through the Immigration)

I'm here on/to ... / ~하기 위해, ~하러 왔어요.

• 입국심사에서 간단히 대답하려면 I'm here 다음 전치사 on을 사용하는데, to를 사용할 경우에는 동사원형이 나옵니다.

회화 톡!

비행기에서 내린 당신, 떨리는 마음으로 입국심사를 받는데...

A What's the purpose of your trip?
방문 목적은 무엇입니까?

B I'm here to attend a business conference.
콘퍼런스 참석하기 위한 방문입니다.

A I'm sorry?
다시 한 번 말해 주시겠어요?

B I'm here on business.
출장차 여기 왔어요.

패턴 꽉!

I'm here on	vacation.		휴가 보내	러 왔어요.
	business.		출장 때문	에 왔어요.
I'm here to	help her.		그녀를 도와주	
	see your boss.		사장님을 만나	(하)러 왔어요.
I'm here for	sightseeing.		관광	

연습 꽉!

I'm here to get a trim.	머리 다듬으러 왔어요.
I'm here to make some sandwiches.	샌드위치 만들러 왔어요.
I'm here to stay with you.	당신과 함께 있으려고 왔어요.

164 면세점 (Duty Free)

Are you looking for ...? / ~찾고 있나요?

• 보통 매장에서 직원들이 손님에게 물어보는 가장 기본적인 패턴입니다.

👆 회화 톡!

💬 비행기에 탑승 전 면세점을 들린 당신, 이것저것 구경 중인데...

A **Are you looking for** something?
무엇을 찾고 있나요?

B I'm just looking around.
그냥 둘러보는 중이에요.

A **Are you looking for** some presents?
선물 종류 보고 있나요?

B Yes, I'm looking for some presents.
네, 선물을 보고 있어요.

✌️ 패턴 꽉!

	someone?	누구	
	something?	무엇	
Are you looking for	Wi-Fi?	와이파이	을/를 찾고 있나요?
	your girlfriend?	여자 친구	
	a new girlfriend?	새로운 여자 친구	

👆 연습 꽉!

Are you looking for this?
이걸 찾고 있나요?

Are you looking for something special?
뭔가 특별한 걸 찾고 있나요?

Are you looking for something to eat?
뭔가 먹을 것을 찾고 있나요?

호텔 레스토랑 (At a Hotel Restaurant)

Can I have ...? / ~좀 줄래요? ~해도 될까요?

· 상대방에게 무엇인가를 요청하는 표현이에요. 공항, 호텔, 식당 등 유용하게 쓸 수 있는 패턴이니 꼭 암기하셔야 합니다.

회화 톡!

💬 무사히 입국심사를 마치고 호텔에 도착한 당신, 호텔 레스토랑을 먼저 찾는데...

A Can I order?
주문해도 될까요?

B Sure, sir, what would you like to have?
물론이죠. 어떤 것으로 준비해 드릴까요?

A I'll have a steak. And **can I have** some dessert?
스테이크로 주세요. 그리고 디저트도 주시겠어요?

B Sure. And what would you like to drink?
그럼요. 그리고 음료는 어떤 것으로 하시겠어요?

패턴 꽉!

	a bite?	한 입만	먹어도 돼?
	a sip?	한 모금만	마셔도 돼?
Can I have	some chocolate?	초콜릿 좀	주실래요?
	a salad?	샐러드를	
	that?	저것 좀	줄래요?

연습 꼭!

Can I have a receipt?	영수증 줄래요?
Can I have your address?	당신 주소를 알려 줄래요?
Can I have your phone number?	당신 전화번호를 알려 줄래요?

미국 (America)

I can't stop V+ing ... / ~를 멈출 수 없어요.

· 어떤 것을 멈출 수 없다고 이야기할 때 'I Can't stop + 동사 ~ing'를 사용해서 문장을 만들 수 있습니다.

👆 **회화 톡!**

💬 캘리포니아 유명 피자가게를 찾은 당신...

A This is really delicious.
이거 정말 맛있다.

B I can't stop eating this pizza.
피자 먹는 걸 멈출 수가 없어.

A I know...
그니까...

B I can't stop drinking this lemonade, too.
나도 레모네이드를 멈출 수 없어!

✌️ **패턴 꽉!**

I can't stop	dancing.		춤추는 걸	
	smoking.		담배 피우는 걸	
	seeing her.		그녀를 만나는 걸	멈출 수 없어.
	drinking alcohol.		술 마시는 걸	
	drinking coffee.		커피 마시는 걸	

👆 **연습 꽉!**

I can't stop now.   여기서 멈출 수 없어요.

I can't stop loving you.   당신을 사랑하는 걸 멈출 수 없어요.

I can't stop thinking of you.   당신 생각을 멈출 수 없어요.

프랑스 (France)

I'm talking about ... / ~을 말하고 있는 거라고.

• 무언가를 말하고 있다고 집중시킬 때 사용하는 패턴입니다.

👆 **회화 톡!**

💬 프랑스에 옛 선생님을 만나러 간 당신, 친구를 만나 선생님에 관해 묻는데...

Ⓐ Do you remember our French teacher?
우리 불어 선생님 생각나?

Ⓑ Who?
누구?

Ⓐ **I'm talking about** Rina!
리나쌤 말이야!

Ⓑ I thought you were talking about Andy.
아! 난 네가 앤디쌤 얘기하는 줄 알았지.

👆 **패턴 꽉!**

	her.	그녀	
	your boyfriend.	네 남자 친구	
I'm talking about	my job.	내 일	에 대해 얘기를 하는 거야.
	our project.	우리 프로젝트	
	your new cell phone.	네 새로운 핸드폰	

👆 **연습 꽉!**

I'm talking about you.   너에 대해 얘기 하는 거야.

I'm talking about that.   그에 대해 얘기 하는 거야.

I'm talking about the new apartment.   새 아파트에 대해 얘기 하는 거야.

캐나다 (Canada)

I'll check if ... / 내가 ~할 수 있는지 볼게.

• I'll check if 뒤에 주어 + 동사를 넣어 문장을 완성합니다.

회화 톡!

💬 캐나다 밴쿠버를 방문한 당신, 밴쿠버 다운타운 클럽을 가고 싶은데...

A I really want to go to a club tonight.
나 오늘 정말 클럽 가고 싶어.

B I'll check if I can go with you.
내가 같이 갈 수 있는지 볼게.

A Come on~. Let's party tonight.
가자~. 오늘 노는 거야.

B I'll check if I can finish my meeting by 7.
오늘 미팅이 7시까지 마칠 수 있는지 볼게.

패턴 꽉!

I'll check if	he's available.	그가 가능한	
	she is coming tonight.	그녀가 올 수 있는	
	there's a better one to cover.	더 나은 게 있는	지 알아 볼게.
	there are enough seats.	자리가 충분한	
I'll see if	I can arrange that.	내가 마련할 수 있는	

 연습 꽉!

I'll see if he's ready to go.   그가 올 준비됐는지 볼게.

I'll see if I can make it.   내가 그걸 할 수 있는지 볼게.

I'll check if I can finish it by today.   내가 그걸 오늘 안에 할 수 있는지 볼게.

169

일본 (Japan)

Who do you ...? / 누구를 ~해?

- 'Who'가 들어갔기 때문에 '누구'라는 대상에 관하여 상대방의 의견을 물어볼 때 사용합니다.

회화 톡!

💬 일본 여행을 준비하는 당신, 아직 함께 갈 사람을 정하지 못했는데...

A I'm planning to go to Japan.
나 일본에 갈 계획이야.

B Who are you planning to go with?
누구랑 가는데?

A I'm not sure, yet.
아직 잘 모르겠어.

B **Who do you** want to go with?
누구랑 함께 가고 싶은데?

패턴 꽉!

	agree with?		누구 말에	동의	
	like?			좋아	해?
Who do you	hate?		누구를	싫어	
	trust?			믿	어?
	think you are?	네가	누구라고	생각	해?

연습 꽉!

Who do you love?	누구를 사랑해?
Who do you want to speak with?	누구랑 말하고 싶어?
Who do you want to get married with?	누구랑 결혼하고 싶어?

230 •

170 중국 (China)

I'll take care of ... / 제가 ~처리할게요.

• "I'll take care of this."를 가장 대표적으로 사용하는데, "이건 제가 처리할게요."라는 의미로 무언가 책임질만한 일을 말할 때 사용됩니다.

회화 톡!

💬 사촌 동생과 중국 여행을 떠나려는 당신...

A I'm worried about Jessie.
난 제씨가 걱정 돼.

B I'll take care of her.
제씨는 제가 잘 볼게요.

A But she's too young.
그렇지만 제씨는 너무 어려.

B Don't worry! I'll take care of her.
걱정 마세요! 제가 계속 제씨를 챙길게요.

패턴 꽉!

I'll take care of	you.		당신은	제가 챙길게요.
	her while you're away.		당신이 없는 동안 그녀를	
	that.		그건	제가 책임질게요.
	my business.		제 사업은	
	that right away.		책임지고 바로	제가 처리하겠습니다.

연습 꽉!

I'll take care of your pet.	네 반려견은 내가 챙길게.
I'll take care of that for you.	너를 위해 그거 내가 챙길게.
I'll take care of our vacation.	우리 여행은 내가 챙길게.

18 외국인

우리나라에서 외국인을 보면 왠지 숨고 싶지
않으시던가요? 이젠 당당하게...

인천공항 / 거주지 / 지하철 타는 법 / 집 구하기 / 길 묻기 /
전화 / 한국음식 / 인사동 / 카카오톡 / 약속잡기

학습점검

다음 빈칸에 어떤 말이 들어갈까요? 알면 Yes, 모르면 No에 체크하세요.

Yes No

□□ 01 여기서 **못 살겠어**.
⬜⬜⬜⬜ living here.

□□ 02 내가 한국에 온 **이유가 그거야**.
⬜⬜⬜⬜ I came to Korea.

□□ 03 우체국에 어떻게 가는지 알려**줄래요**?
⬜⬜⬜⬜ tell me how to get to the post office?

□□ 04 어디서 만날 **수 있어**?
⬜⬜⬜⬜ see you?

□□ 05 너의 친절함에 **고마워**.
⬜⬜⬜⬜ your kindness.

□□ 06 카톡 친구 **몇** 명이나 있어?
⬜⬜⬜⬜ Kakaotalk friends do you have?

□□ 07 죄송한데 제가 명동역으로 **가야 하는데요**.
Excuse me. ⬜⬜⬜⬜ go to Myung–Dong station.

□□ 08 뭐 살 **거 있어**?
⬜⬜⬜⬜ buy?

□□ 09 내가 **왜 몰랐지**?
⬜⬜⬜⬜ I didn't know that?

□□ 10 여기서 버스를 **타야 하나요**?
⬜⬜⬜⬜ take the bus here?

인천공항 (In-Cheon Airport)

Do I have to ...? / ~해야 하나요?

- "Do I have to...?" 또한 아주 유용하게 쓰일 수 있는 패턴 중 하나이지요. 무조건 외우자!

회화 톡!

💬 버스정류장에서 인천공항 가는 법을 알려주는 똑똑한 당신

A **Do I have to** take a bus here?
여기서 버스를 타야 하나요?

B Where are you going?
어디 가시는데요?

A In-Cheon airport. **Do I have to** take an airport bus?
인천 공항이요. 여기서 공항버스를 타요?

B Yes, you're right.
네 맞아요.

패턴 꽉!

	speak English?	영어로 말
	come here again?	여기 다시 와
Do I have to	pay for this?	이거 돈 내 (해)야 하나요?
	work on weekends?	주말에 일
	say "Good-bye"?	안녕이라고 말

연습 꽉!

Do I have to let her go?　　　　　　그녀를 보내줘야 하나요?

Do I have to ask him again?　　　　그에게 다시 물어봐야 하나요?

Do I have to take a bus or a subway?　버스랑 지하철 중 뭘 타야 하나요?

거주지 (Residence)

Thank you for ... / ~해줘서 고마워.

• "Thank you" '고맙다' 뒤에 for를 넣어 어떤 것이 고마운지 설명할 때 Thank you for + 동사ing를 사용합니다.

 회화 톡!

💬 2주 동안 한국에 머무를 친구를 위해 레지던스를 추천해 주는 당신

A Thank you for your kindness.
너의 친절함에 고마워.

B No worries. Where are you going to stay?
아니야. 어디에서 지내기로 했어?

A I'm not sure. Is there any residence near here?
아직 모르겠어. 이쪽에 거주할 곳 없어?

B There's one around Shin-Chon.
신촌에 괜찮은데 하나 있어.

패턴 꽉!

	coming.	와 줘서	고마워.
	everything.	다	
Thank you for	your comment.	코멘트	고마워요.
	being you.	너라서	
	your support.	지원해 줘서	

연습 꼭!

Thank you for your visiting.	방문해 줘서 고마워.
Thank you for your love.	사랑해 줘서 고마워요.
Thank you for calling.	전화해 주셔서 감사합니다.

173 지하철 타는 법 (Taking a Subway)

I/You have to ... / ~해야 해요.

• 'I have to'와 유사한 패턴으로 'I need to'가 있습니다.

💬 명동역을 가려는 외국인에게 설명을 해주는 멋진 당신

A Excuse me. **I have to** go to Myung-Dong station.
죄송한데 제가 명동역으로 가야 하는데요.

B First, **you have to** take line number one and transfer to line number four at Seoul station.
먼저 1호선을 타고 4호선 서울역에서 갈아타시면 돼요.

A Thank you, sir. Have a nice day.
고마워요. 좋은 하루 되세요.

B You, too.
그쪽도요.

패턴 꽉!

I have to	finish this project.	난	이 프로젝트를 끝내
	finish this project by tonight.		이 프로젝트를 오늘 밤 안으로 끝내
	call my boss.		사장한테 전화
	get a new job.		새로운 일을 찾아
You have to	take line number two.	너는	2호선을 타

(해)야 해.

연습 꽉!

You have to understand.
네가 이해해야 해.

You have to understand this.
네가 이걸 이해해야 해.

You have to understand this because it's a business.
이건 일이니까 네가 이해해야 해.

집 구하기 (Finding a House)

I can't stand ... / ~을 못 버티겠어, ~을 못 견디겠어.

• 무언가 "견디기 힘들다.", "참을 수 없다."라고 말할 때 쓰는 패턴입니다. 많이 지칠 때 쓰면 좋겠죠?

 회화 툭!

💬 이태원에 사는 친구가 이사를 하겠다고 한다.

Ⓐ **I can't stand** living here.
여기서 못 살겠어.

Ⓑ Do you wanna move?
이사 가고 싶어?

Ⓐ Exactly. **I can't stand** my neighbor.
완전. 옆집 땜에 못 견디겠어.

Ⓑ Let's find a new house, then.
그래 그럼 새집을 알아보자.

✌ **패턴 꽉!**

	my mom.	우리 엄마를	못 버티겠어.
	working here.	여기서 일하는 거	
I can't stand	it.	그것을	버틸 수가 없네.
	you any more.	널 더 이상	버틸 수가 없어.
	my boss.	내 보스를	

 연습 꽉!

I can't stand waiting. 기다리는 거 못 참겠어.

I can't stand this hot weather. 더운 날씨 못 참겠어.

I can't stand this problem. 이 문제 못 참겠어.

175 길 묻기 (Asking for Direction)

Can you ...? / ~해 줄 수 있니?

· 상대방에게 무언가 부탁할 때 또는 무엇을 해줄 수 있는지 물을 때 Can you + 동사원형을 사용해서 말합니다.

회화 톡!

💬 우체국을 찾고 있는 외국인에게 길을 설명해 주는 멋진 당신

A Do you need any help?
도와드릴까요?

B Can you tell me how to get to the post office?
우체국에 어떻게 가는지 알려줄래요?

A You just have to walk straight and turn left at the first corner.
그냥 쭉 걸어가시다가 첫 번째 골목에서 왼쪽으로 꺾으시면 돼요.

B Thanks, but I'm kind of confused. Can you repeat that again?
고마워요. 근데 좀 헷갈리는데 다시 한 번 말해줄래요?

패턴 꽉!

	call me?	나한테 전화	
	tell me your opinion?	네 의견을 말	
Can you	show me?	나한테 보여	(해)줄 수 있니?
	show me your yearbook?	졸업앨범을 보여	
	send this letter?	이 편지 보내	

연습 꼭!

Can you tell me?	나한테 말해줄 수 있니?
Can you tell me about it?	나한테 그것에 대해 말해줄 수 있니?
Can you tell me about it right now?	지금 바로 나한테 그것에 대해 말해줄 수 있니?

176 전화 (Telephone)

How come ...? / 왜 ~했어?

· How come 주어 + 동사를 사용해 "왜 ~안 했어?"라고 이유를 묻는 패턴입니다.

회화 톡!

💬 전화기를 잃어버린 당신, 친구에게 전화 못 한 이유를 설명하는데…

A **How come** you didn't call me?
왜 전화 안 했어?

B I was trying to call you, but I lost my cell phone.
전화하려고 했는데 핸드폰을 잃어버렸어.

A **How come** I didn't know that?
내가 왜 몰랐지?

B Because we didn't see each other for a long time.
왜냐하면 우리 안본지 꽤 됐으니까.

패턴 꽉!

How come	you're so serious?		그렇게 심각	해?
	you didn't come?		안 왔	
	you didn't tell me?	왜	말 안	(했)어?
	you didn't ask me for a date?		데이트 신청 안	
	you didn't finish your homework?		숙제 안	

연습 꽉!

How come? 　　　　　　　　　　　　　왜 그랬어?

How come you didn't ask? 　　　　　왜 안 물어봤어?

How come you didn't ask me? 　　　왜 나한테 안 물어봤어?

---

177 한국 음식 (Korean Food)

That's why ... / 그게 바로 ~한 이유에요.

• 이유를 설명할 때 사용하는 패턴으로 That's why 다음에 이유를 넣어 사용합니다.

회화 톡!

💬 한국을 방문한 친구에게 불고기를 권하는 당신

A I love Korean food. **That's why** I came to Korea.
나 한국 음식 너무 좋아해. 내가 한국에 온 이유도 그거야.

B Have you ever tried Korean grilled beef Bulgogi?
불고기 먹어봤어?

A No, but **that's why** we're here today.
아니. 하지만 그게 바로 오늘 우리가 여기 온 이유잖아.

B That's right. Enjoy your meal.
맞아. 자 어서 먹어.

패턴 꽉!

That's why	I didn't call.	그게 바로	내가 전화 안 한	이유야.
	I love you.		내가 널 사랑하는	
	I lied.		내가 거짓말 한	
	I come here a lot.		내가 여기 자주 오는	
	I want to speak English.		내가 영어로 말하고 싶은	

연습 꽉!

That's why I didn't work.
그게 바로 내가 일을 안 했던 이유야.

That's why I want to visit NamSan.
그게 바로 내가 남산에 가고 싶은 이유야.

That's why I didn't see her any more.
그게 바로 내가 그녀를 더 이상 보지 않는 이유야.

178 인사동 (Insa-Dong)

Do you have anything to ...? / ~할 것이 있나요?

• 상대방에게 무언가를 할 것이 있는지 물을 때 사용되는 "Do you have anything to + 동사"은 동사 하나만으로도 만들 수 있는 패턴으로 쉽게 사용할 수 있습니다.

 회화 톡!

💬 인사동을 가고 싶어 하는 James를 위해 1일 가이드가 된 당신

🅐 **Do you have anything to** do?
뭐 할 거 있어?

🅑 **I want to go Insa-Dong.**
인사동 가보고 싶어.

🅐 **Do you have anything to** buy?
뭐 살 거 있어?

🅑 **I have to get some souvenir for my family.**
가족들에게 줄 기념품 좀 사려고.

✌ **패턴 꽉!**

	drink?	뭐 좀 마실	
	eat?	뭐 좀 먹을	
Do you have anything to	give me?	나한테 뭐 줄	(것)이 있어?
	say?	나한테 할 말	
	do with it?	그 일이 너와 무슨 상관	

 연습 꽉!

Do you have anything to ask?	물어볼 거 있어?
Do you have anything to ask her?	그녀에게 물어볼 거 있어?
Do you have anything to add?	추가할 거 있어?

카카오톡 (Kakaotalk)

How many ...? / 얼마나 많이~?, 몇이나~?

• 개수를 묻기 위한 표현이다. 'How many' 뒤에는 명사를 사용합니다!

회화 톡!

💬 James와 카카오톡 친구에 관해 이야기를 나누는 당신

A **How many** Kakaotalk friends do you have?
카톡 친구 몇 명이나 있어?

B About 200. **How many** Kakaotalk friends do you have?
한 200명 정도. 너는 카톡 친구 몇 명이나 있어?

A I have almost 300, but I don't really talk to them.
난 한 300명 정도. 근데 별로 얘기 안 해.

B That's true. It's hard to find a real friend.
맞아. 진정한 친구를 찾는 건 어려운 것 같아.

패턴 꽉!

	people are in your family?		가족은	명인가요?
	people are in your class?		반에 사람은	명이나 있나요?
How many	people are coming?	몇		명이나 오나요?
	people are coming today?		오늘	명이나 오나요?
	hours does it take?			시간이나 걸리나요?

연습 꽉!

How many times do I have to tell you?	당신에게 몇 번이나 말해야 하나요?
How many days does it take?	그걸 가지려면 며칠이나 걸리나요?
How many days does it take to get there?	그곳에 가려면 며칠이나 걸리나요?

180 약속 잡기 (Making an Appointment)

Where can I...? / 어디서 ~할 수 있나요?, 어디에 ~하면 되나요?

· 'Where can I'는 어디서 ~할 수 있는지와 어디에서 ~하면 되는지에 대해 두 가지 의미로 쓰일 수 있습니다.

 회화 톡!

💬 친구와 어디서 만날지 약속을 잡는 당신

🅐 Where can I see you?
어디서 만날 수 있어?

🅑 How about Hong-Dae?
홍대 어때?

🅐 Where can I reach you?
어디로 연락하면 돼?

🅑 You can call 010-0365-1004.
010-0365-1004로 연락해.

✌️ 패턴 꽉!

Where can I	apply?		신청	
	register?		접수	
	contact them?	제가 어디로/서	연락	(하)면 되나요?
	go?		가	
	play?		놀	

 연습 꼭!

Where can I sit?	제가 어디로 앉을 수 있나요?
Where can I pay?	제가 어디서 지불할 수 있나요?
Where can I park?	주차는 제가 어디에 할 수 있나요?

어떻게 생각해요?

How **do you think?** / What **do you think?**

"어떻게 생각해요?"라고 영어로 말하고 싶습니다.

<u>How</u> do you think? **VS** <u>What</u> do you think?

둘 중 어떤 것이 올바른 표현일까요?

일단 우리는 머릿속에 '어떻게'는 'How'로 바로 나옵니다.
그래서 많은 실수가 있는 문장인데요~

80% 이상 "How do you think?"로 대답합니다.

How = 방법과 방식을 묻는 것.
What = 무엇인지를 묻는 것.

올바른 표현은 "What do you think?"입니다.

아래 두 문장으로 더 쉽게 이해할 수 있겠네요.

What do you know? 너 알고 있는 게 뭐야?
How do you know? 너 어떻게 알아?

19 행사

삶은 달걀이 아니라 삶은 이벤트라 한다죠?
오늘은 어떤 날일지 정말 궁금하네요.

베이비샤워 / 생일파티 / 입학식 / 졸업식 / 졸업파티 /
홈파티 / 결혼식 / 브라이드 샤워 / 개업식 / 장례식

MP3

Yes No

01 너무 즐거운 데!

☐☐ _____ exciting!

02 새로운 사람들을 만날 **준비 됐어?**

☐☐ _____ meet new people?

03 다들 와줘서 **너무 좋다.**

☐☐ _____ see you all.

04 오늘 와 **줘서 너무 고마워요.**

☐☐ _____ come today.

05 **유감입니다.**

☐☐ _____ hear that.

06 시험 패스만 하려고 **노력했어요.**

☐☐ _____ only _____ pass the exam.

07 **그가 날** 새로 태어나게 한 **것 같아.**

☐☐ _____ feel brand new.

08 널 위한 파티**가 있을 거야.**

☐☐ _____ a party for you!

09 난 **빨리** 새로운 친구들 만나고 **싶어.**

☐☐ _____ meet new friends.

10 다시 너희를 볼 **수 있으면 좋겠어.**

☐☐ _____ see you guys again.

181 베이비샤워 (A Baby Shower)

How ... / 정말 ~하구나, ~하겠다.

• 외국에서는 출산 전 친구들이 파티를 열어줍니다. 이걸 'Baby shower'라 부르는데요,
아기용품 선물을 주고 간단한 다과를 먹습니다. How 뒤에 형용사나 부사가 올 수 있습니다.

👆 회화 톡!

💬 친구의 출산 전 파티를 준비한 당신과 친구들

A How exciting!
정말 즐거운 데!

B Why don't you set some balloons?
풍선을 좀 불어 놓는 게 어때?

A Sure. I'll go get it.
좋아. 가서 좀 사 올게.

B How nice you are.
너 정말 착하네.

✌ 패턴 꽉!

How	boring!				지루하	구나!
	slow!		너무		느리	다!
	exciting!				즐겁	구나!
	exciting the party was.	파티			즐거	웠어!
	nice you are.	넌	정말		착	해!

👆 연습 꽉!

How surprising!	정말 놀랐어!
How kind your mother is.	정말 너희 엄마 친절하구나!
How handsome!	정말 잘 생겼다!

182 생일파티 (A Birthday Party)

It's kind of you to ... / ~해 주셔서 감사합니다.

· 감사하다는 말을 전할 때 사용하는 문장으로 뒤에 동사를 넣어 사용합니다.

 회화 톡!

💬 생일파티를 열게 된 당신, 반가운 얼굴들이 많은데...

A It's kind of you to come today.
오늘 와줘서 너무 고마워요.

B Here you are.
자 여기.

A Oh my. It's kind of you to give me this present.
어머 선물을 주다니 너무 고마워요.

B You're very welcome.
뭘 이런 걸 가지고.

패턴 꽉!

It's kind of you to	invite me.	초대	
	help me.	도와	(해) 줘서 고마워요.
	treat me like this.	나한테 이렇게 대	
	help the poor.	어려운 사람을 도와	주다니 친절하네요.
	send the flowers.	꽃을 보내	주다니 고마워요.

 연습 꽉!

It's kind of you to remember.
기억해 주다니 고마워요.

It's kind of you to remember the other day.
저번 일을 기억해 주다니 고마워요.

It's kind of you to say that.
그 말을 해 주다니 고마워요.

183 입학식 (An Entrance Ceremony)

I can't wait to ... / ~기다릴 수 없어요, ~빨리 하고 싶다.

· 무언가 "기다릴 수 없다", "기다리기 힘들다"라고 말할 때 쓰이는 I can't wait+동사는 보통 좋은 일이 있을 때 사용됩니다.

회화 툭!

💬 대학교에 입학하게 된 당신, 새로운 친구들을 만날 생각에 들떠있는데...

Ⓐ I can't wait to go to college.
대학교 빨리 가고 싶다.

Ⓑ I'm worried.
난 걱정되는데.

Ⓐ Why do you think so?
왜 걱정되는데?

Ⓑ I can't wait to meet new friends.
난 빨리 새로운 친구들 만나고 싶은데.

패턴 꽉!

	see you.		널 만나
	dance.		춤추
I can't wait to	see my boyfriend.	빨리	남자친구 보	고 싶어.
	see my ID card.		내 신분증 보
	hear.		듣

연습 꼭!

I can't wait to visit Las Vegas.   빨리 라스베이거스 가고 싶어.

I can't wait to have dinner.   빨리 저녁 먹고 싶어.

I can't wait to see that movie.   빨리 그 영화 보고 싶어.

졸업식 (A Graduation Ceremony)

I did my best to ... / 난 ~에 최선을 다했어요.

- 본인이 만족하며 "난 ~에 최선을 다했어."라고 말할 땐 I did my best to + 동사를 사용합니다.

회화 톡!

💬 드디어 졸업하게 된 당신, 모두가 축하해 주는데...

A Today is your day! I'm really glad.
오늘은 너의 날이야! 너무 기쁘다.

B **I did my best to** be a good student.
난 좋은 학생이 되려고 최선을 다했어요.

A I know.
알고 있어.

B Actually, **I did my best** only **to** pass the exam.
사실은 시험 패스만 하려고 노력했어요.

패턴 꽉!

	make it to this college.	이 대학에 들어 오
	get here.	여기 오
I did my best to	finish it.	이것을 끝내 려고 난 최선을 다했어.
	get rid of her.	그녀를 잊으
	make this project.	이 프로그램을 만들

연습 꽉!

I did my best to love you.	널 사랑하려고 난 최선을 다했어.
I did my best to get you out of my heart.	널 내 마음속에서 지우려고 난 최선을 다했어.
I did my best to notice this.	이것을 알리려고 난 최선을 다했어.

졸업파티 (The Prom)

I wish I could ... / ~할 수 있으면 좋겠어요.

· I wish '나는 바란다.' could와 '~할 수 있기를'이 합쳐져 '~할 수 있으면 좋겠어'가 됩니다.
· I wish I could 뒤에는 동사원형을 사용합니다.

👆 회화 톡!

💬 졸업파티에서 친구들과 마지막 인사를 하는 당신

A I wish I could see you guys again.
다시 너희를 볼 수 있으면 좋겠어.

B I'll be missing you.
너희들 보고 싶을 거야.

A I wish I could go to the same school with you.
같은 학교로 갔으면 좋겠다.

B By the way, I like your dress.
근데, 너 드레스 정말 예쁘다.

✌️ 패턴 꽉!

	dance.	춤을 출	
	dance again.	다시 춤을 출	
I wish I could	help you.	너를 도와줄	수 있으면 좋겠어.
	help you more.	너를 좀 더 도와줄	
	go back.	돌아갈	

👆 연습 꽉!

I wish I could go to college.
대학에 갈 수 있으면 좋겠어.

I wish I could be a college student.
대학생이 될 수 있으면 좋겠어.

I wish I could go back to college.
다시 대학 시절로 돌아갈 수 있으면 좋겠어.

홈파티 (A House Party)

It's good to ... / ~하니 좋다.

• "~하니 좋다", "~하는 건 좋은 거야"라는 문장으로 이루어지는 It's good to + 동사의 형태로 무엇 때문에 좋은지를 그 뒤에 말합니다.

🖐 회화 톡!

💬 오랜만에 가족이 모두 모이게 되었는데...

A It's good to see you all.
다들 와 줘서 너무 좋다.

B I brought some champaign and beers.
샴페인이랑 맥주 좀 가져왔어요.

A It's good to bring this all.
이걸 다 가져오니 좋네.

B Let's party!
파티를 시작하죠!

✌ 패턴 꽉!

It's good to	see you.	널 다시 보	니 좋다.
	hear your voice.	네 목소리를 들으	
	be home.	집에 오	
	be a woman.	여자라	서 좋다.
	be here.	여기 와	

🖐 연습 꽉!

It's good to be you.	너라서 좋다.
It's good to meet you.	널 만나서 좋다.
It's good to meet you and good to be you.	너라서 그리고 널 만나서 좋다.

187 결혼식 (A Wedding Ceremony)

He/She made me ... / 그는 나를 ~게 만들었어.

• 누군가 '나를 ~게 만들었다'고 말할 때 사용하는 'He made me + 동사'는 앞에 주어만 바꾸어 꼭 사람이 아닌 "어떤 것이 나를 이렇게 만들었다."라고 바꿔 사용할 수 있어요.

 회화 톡!

💬 친구의 결혼 소식을 듣게 된 당신, 친구의 행복한 이야기를 듣는데...

Ⓐ Congratulation! So, did you set a wedding date?
축하해! 날짜는 잡았어?

Ⓑ Not yet. You know what? **He made me** feel brand new.
아직... 그런데 그거 알아? 그 사람이 날 새로 태어나게 한 것 같아.

Ⓐ That's so nice!
정말 잘 됐다.

Ⓑ I hope **he** could **make me** feel brand new forever.
그가 날 평생 그렇게 만들어 줬으면 좋겠어.

패턴 꽉!

He made me	happy.	그가 날	행복	
	feel good.		기분 좋	
	love soccer.		축구를 좋아	(하)게 만들었어.
She made me	eat salad.	그녀가 날	샐러드를 먹	
	glad.		기쁘	

연습 꽉!

He made me dance.	그가 날 춤추게 만들었어.
He made me sing.	그가 날 노래하게 만들었어.
He made me sing karaoke.	그가 날 노래방에서 노래하게 만들었어.

188 브라이드 샤워 (A Bridal Shower)

There will be ... / ~가 있을 거야.

- 결혼을 앞둔 신부에게 친구들이 열어주는 조촐한 파티로, 선물이나 카드를 주는 풍습이 있습니다.

 회화 톡!

💬 결혼을 앞둔 당신, 친구들이 신부 샤워를 열어 주는데...

A Rina! Don't forget to come tomorrow.
리나! 내일 오는 거 잊지 마.

B Wassup?
뭔데?

A **There will be** a party for you.
널 위한 파티가 있을 거야.

B You mean a Bridal shower?
신부 샤워 말하는 거야?

패턴 꽉!

	plenty of time.	충분한 시간	
	hope.	희망	이 있을거야.
There will be	dreams.	꿈	
	brighter days.	더 밝은 날들	이 올 거야.
	spring.	봄	

 연습 꼭!

There will be love.   사랑이 있을 거예요.

There will be love for you.   당신에게 사랑이 있을 거예요.

There will be an eternal love.   영원한 사랑이 있을 거예요.

개업식 (An Opening Ceremony)

Are you ready to ...? / ~할 준비 됐나요?

• "~할 준비 됐나요?"는 Are you ready to + 동사를 넣어 문장을 완성합니다.

회화 톡!

💬 개업을 하게 된 당신, 주위 사람들의 축하를 받는데...

A Are you ready to roll?
시작할 준비 됐어?

B Yes! I'm so ready!
응! 완전 준비됐어!

A Are you ready to meet new people?
새로운 사람들을 만날 준비 됐어?

B I'm ready for everything.
난 다 준비됐어.

패턴 꽉!

	talk?	말할	
	work?	일할	
Are you ready to	walk?	걸을	준비됐어?
	fly?	날	
	move?	시작할	

연습 꽉!

Are you ready to order?	주문할 준비됐어?
Are you ready to order your meal?	음식 주문할 준비됐어?
Are you ready to order your dinner?	저녁 주문할 준비됐어?

장례식 (The Funeral)

I'm sorry to … / ~에 미안해요, ~유감입니다.

• 장례식장에서 가장 기본적으로 쓰이는 말은 "I'm so sorry."이다. "미안합니다."라는 뜻이지만 장례식장이나 슬픈 일이 있을 때 "유감입니다."라는 표현으로 쓰여요.

회화 톡!

💬 슬픈 소식을 듣게 된 당신, 장례식장에 갔는데…

A I'm **sorry to** hear that. My condolences to you.
유감입니다. 조의를 표합니다.

B I can't imagine life without her.
그녀 없이 살 수 없어요.

A I'm so **sorry to** hear that.
정말 유감입니다.

B She was such a good person.
너무도 좋은 사람이었는데요.

패턴 꽉!

I'm sorry to	tell you.	너에게 말해 주기	미안해.
	say that.	너에게 그 말을 하기	
	you.	너에게	
	keep you waiting.	기다리게 해서	
	hear that he's leaving.	그가 떠났다니	유감입니다.

연습 꽉!

I'm sorry.	미안해.
I'm sorry to hear that.	그 말을 듣게 되어 유감입니다.
I'm sorry to hear of your father's death.	당신의 아버지가 돌아가셨다니 유감입니다.

20 응급상황/정치

응급상황 대처 요령 및 정치/사회/경제 등
다양한 주제에 관해 얘기해보아요.

신문 / 뉴스 / 정치 / 소송 / 차 사고 / 보험 /
응급전화 / 경찰서 / 약 복용 / 의사의 조언

MP3

학습점검 다음 빈칸에 어떤 말이 들어갈까요? 알면 Yes, 모르면 No에 체크하세요.

Yes No

☐☐ **01**   허리가 좀 아파.
　　　　　　　　　a backache.

☐☐ **02**   따뜻한 물을 충분히 드시길 **권해요**.
　　　　　　　　　drink lots of warm water.

☐☐ **03**   신문 읽고 **싶지 않아**.
　　　　　　　　　read the newspaper.

☐☐ **04**   질병에 대비해서 보험을 드는 **게 어때**?
　　　　　　　　　take out an insurance against sickness?

☐☐ **05**   **누가** 나랑 같이 갈래?
　　　　　　　　　go with me?

☐☐ **06**   이 약을 드시길 **바라요**.
　　　　　　　　　take these pills.

☐☐ **07**   지금 제 방에 **있어요**.
　　　　　　　　　my room.

☐☐ **08**   **어떻게 생각해**?
　　　　　　　　　think?

☐☐ **09**   경찰서가 **어디 있나요**?
　　　　　　　　　the police station?

☐☐ **10**   정부를 **이해할 수 없어**.
　　　　　　　　　the government.

I have ／ I suggest you ／ I don't want you ／ Why don't you ／ Who's going to ／ I want you to ／ I'm in ／ What do you ／ Where is ／ I can't understand

신문 (The Newspaper)

I don't want to ... / ~하고 싶지 않아.

· "I want to"의 반대 표현이에요. 무언가를 하고 싶지 않다고 말할 때 사용하면 됩니다.

회화 톡!

💬 사건 · 사고가 점점 많아지는 요즘 신문을 보기 싫다는 친구의 말

Ⓐ **I don't want to** read a newspaper.
신문 읽고 싶지 않아.

Ⓑ Why's that?
왜?

Ⓐ **I don't want to** read it because there are too many political issues.
정치 문제가 너무 많아서 읽기 싫어.

Ⓑ That's true.
맞아.

패턴 꽉!

	wait.	기다리	
	wash my face.	세수	
I don't want to	talk about it.	이야기	(하)고 싶지않아.
	let you go.	널 보내	
	die.	죽	

 연습 꽉!

I don't want to run.　　　　　　　　　　　뛰고 싶지않아.

I don't want to run on this street.　　　　이 거리를 뛰고 싶지않아.

I don't want to run on this street because it's dirty.　　이 거리는 더러워서 뛰고 싶지않아.

뉴스 (News)

What do you think ... / 당신 생각에 ~은 어때요?

· "How do you think about it?"은 틀린 표현입니다.

"어떻게 생각해?"라는 뜻으로 How 대신 What을 사용하여 "What do you think about it?"이라고 말하지요.

👆 회화 톡!

💬 어젯밤 뉴스에 관해 이야기를 나누는 당신과 친구...

A Did you watch the News last night?
어제 뉴스 봤어?

B Yeah.
응.

A What do you think?
어떻게 생각해?

B Well, I don't know what to say.
글쎄. 뭐라 말해야 할지 잘 모르겠어.

✌ 패턴 꽉!

	about this web site?	이 홈페이지에 대해	
	about this?	이거	
What do you think	about my idea?	내 아이디어	어떻게 생각해요?
	about our school cafeteria?	학교 식당에 대해	
	about Rina?	리나에 대해	

👆 연습 꽉!

What do you think about the lesson?   수업에 대해 어떻게 생각해?

What do you think about this book?   이 책에 대해 어떻게 생각해?

What do you think about my make-up?   내 화장에 대해 어떻게 생각해?

정치 (Politics)

I can't understand ... / ~을 이해할 수 없어요.

· 무언가를 이해할 수 없다고 말할 때 사용하는 "I can't understand"입니다.
뒤에 why + 주어 + 동사를 이어 문장을 만들 수 있으며 원어민들은 "I don't understand"라는 표현도 사용해요.

회화 톡!

💬 매년 오르는 세금 때문에 고민인 당신

A I can't understand the government.
정부를 이해할 수 없어.

B I already gave up on them.
난 이미 포기했어.

A I can't understand why they keep raising taxes.
왜 계속 세금을 올리는지 이해할 수 없어.

B It's hard to live in Korea.
대한민국에서 살기 어렵구먼.

패턴 꾁!

I can't understand	you.	널	(을/를) 이해할 수 없어.
	what you're saying.	네가 하는 말	
	this problem.	이 문제	
	why.	왜인지	
	this.	이것	

연습 꾁!

I can't understand her.	그녀를 이해할 수 없어.
I can't understand why we have to study.	왜 우리가 공부해야 하는지 이해할 수 없어.
I can't understand why we have to work.	왜 우리가 일해야 하는지 이해할 수 없어.

소송 (A Lawsuit)

Who's going to ... / 누가 ~하지?

· "Who's going to~"로 쓰지만 말할때는 보통 "Who's gonna~"로 발음합니다.

👆 **회화 톡!**

💬 소송을 당했다는 아버지, 경찰서에 같이 가려고 하는데..

A **Who's going to** go with me?
누가 나랑 같이 갈래?

B What happened?
무슨 일인데요?

A One guy brought a suit against me.
누가 나한테 소송을 걸었어.

B What?
뭐라고요?

✌️ **패턴 꽉!**

Who's going to	take the responsibility?			책임	질/할 건가요?
	drive?			운전	
	call?	누가		전화	
	score?		점수를 기록		
	attend?			참석	

👆 **연습 꽉!**

Who's going to carry the baggage?	누가 가방을 들건가요?
Who's going to carry the baggage for me?	누가 날 위해 가방을 들건가요?
Who's going to carry the baggage for me today?	누가 오늘 나를 위해 가방을 들건가요?

차 사고 (A Car Accident)

I have ... / ~가 있어요.

• "~이 있어요."라고 말할 때 자주 사용하게 될 패턴이에요. 'I have no/nothing'을 넣을 경우 반대의 표현이 된답니다.

회화 톡!

💬 차 사고가 났다는 친구의 전화, 다치진 않았는지 물어보는데...

A I **had** a car accident.
차 사고가 났어.

B Are you alright?
괜찮아?

A I **have** a backache.
허리가 좀 아파.

B Wait. I'll be there soon.
기다려. 금방 갈게.

패턴 꽉!

	something to tell you.	네게 말해줄 게	
	a test tomorrow.	내일 시험	
I have	a problem.	문제	(이/가) 있어.
	a dream.	꿈	
	an appointment tomorrow.	내일 예약	

연습 꾁!

I have nothing to wear.	입을 게 없어.
I have nothing to wear at the party.	파티에서 입을 게 없어.
I have nothing to wear at the Christmas party.	크리스마스 파티에서 입을 게 없어.

196

보험 (Insurances)

Why don't you/we ... / ~하는 게 어때요?

· 무엇을 하는 게 어떠냐고 상대방에게 의견을 물을 때 사용하는 패턴입니다. 강요가 아닌 의견을 제시하는 표현이에요.

회화 톡!

💬 생명 보험을 추천하는 당신, 아직 생각이 없다 하는데...

Ⓐ **Why don't you** take out an insurance against sickness?
질병에 대비해서 보험을 드는 게 어때?

Ⓑ Do I have to?
들어야 하나?

Ⓐ You don't have to. But **why don't you** get one?
들 필요는 없지. 그래도 하나 하는 게 어때?

Ⓑ I'll think about it.
생각해 볼게.

패턴 꽉!

Why don't we	set them up?	걔네들 소개시켜 주
	go for another round?	2차 가
	we go for a walk?	좀 걷
Why don't you	get a job?	일
	sit down?	앉

(하)는 게 어때?

연습 꽉!

Why don't you pick me up? 날 데리러 오는 게 어때?

Why don't you pick me up tonight? 오늘 밤 날 데리러 오는 게 어때?

Why don't you pick me up and go clubbing tonight? 오늘 밤 날 데리고 클럽에 가는 게 어때?

197 응급전화 (Calling 911)

I'm at/in ... / 저는 ~에 있어요.

• 'in'과 'at'의 차이는 'in'은 광범위한 장소에서의 '~안에'를 나타낼때 사용하며, 'at'은 좁은 장소에서 사용합니다.

회화 톡!

💬 집에 불이나 (미국)911에 전화한 당신, 현재 방 (안에) 있는데...

A Please help! There's a fire!
도와주세요! 불이에요!

B Where are you now?
지금 계신 위치가 어딘가요?

A I'm in my room. I can't get out.
지금 제 방이에요. 나갈 수가 없어요.

B What is your address?
주소가 어떻게 되나요?

패턴 꽉!

I'm inside	the building.		빌딩 안쪽	
I'm in	the pool.		수영장 안	
	town.		도시	에 있어요.
I'm at	the bus stop.		버스 정류장	
	the front desk.		프런트	

연습 꽉!

I'm at the gym.	헬스장에 있어요.
I'm at the gym for exercise.	헬스장에서 운동하기 위해 있어요.
I'm at the gym for exercise every day.	헬스장에서 매일 운동하기 위해 있어요.

경찰서 (The Police Station)
Where is ...? / ~는 어디 있나요?

· 물건, 장소, 그리고 누군가를 찾을 때 쓰는 기본적인 패턴입니다.

👆 **회화 톡!**

💬 소매치기를 당한 당신, 옆 사람에게 경찰서가 어디인지 묻는데...

A Thief! Please call the police.
도둑이야! 경찰 좀 불러주세요.

B What is the problem?
뭐가 문제죠?

A My pocket was picked. **Where is** the police station?
지갑을 소매치기 당했어요. 경찰서가 어디 있나요?

B It's near hear. **Where is** the thief?
여기서 가까워요. 도둑은 어디 있나요?

✌ **패턴 꽉!**

	the post office?	우체국	
	the market?	마트	
Where is	the beer?	맥주	은/는 어디 있나요?
	Rina?	리나	
	the bus stop?	버스 정류장	

👆 **연습 꽉!**

Where is my money?　　　　내 돈은 어디 있나요?

Where is your school?　　　당신 학교는 어디 있나요?

Where is my mom?　　　　우리 엄마는 어디 있나요?

199 약 복용 (Taking Pills)

I want you to ... / 난 당신이 ~해주길 바라요.

- "난 당신이 무언가를 해주길 바라요."라고 할 때 사용되는 패턴입니다.
  조금 부드러운 강요라고 할 수 있고, 엄마가 아이들에게 또 의사 선생님이 환자에게 말할 때 자주 사용되지요.

회화 톡!

💬 심한 불면증으로 약국을 찾은 당신, 약사와 이야기를 나누는데...

A I have an insomnia.
불면증이 있어요.

B I want you to take these pills.
이 약을 드시길 바라요.

A How many?
몇 알을 먹으면 되나요?

B I want you to take two pills.
2알씩 드시길 바라요.

패턴 꽉!

	do the house work.	집안 일을 해주
	keep it a secret.	비밀로 해주
I want you to	be happy.	네가 행복하	길 바라요.
	exercise.	운동하
	bring your jacket.	재킷을 가져오

연습 꽉!

I want you to read this chapter.　　　　이 챕터를 읽기 바라요.

I want you to leave me alone.　　　　날 혼자 두길 바라요.

I want you to study hard.　　　　열심히 공부하길 바라요.

200 의사의 조언 (Doctor's Instruction)

I suggest you ... / ~하길 권해요.

• 제안하는 표현으로 "I suggest you~"입니다. 무언가를 "하길 권해요.", "제안합니다."라고 말할 때 유용하게 쓸 수 있어요.

회화 톡!

💬 감기에 걸린 당신, 병원을 찾았는데...

A Doctor, I think I have a cold.
선생님, 감기에 걸린 것 같아요.

B I suggest you take some vitamins.
비타민을 좀 드시길 권해요.

A Anything else?
다른 건 뭐가 있죠?

B I suggest you drink lots of warm water.
따뜻한 물을 충분히 드시길 권해요.

패턴 꽉!

	stay home.	집에 있	
	get some rest.	휴식을 취	
I suggest you	get plenty of rest.	휴식을 충분히 취	(하)길 권해요.
	take this pill.	이 약을 복용	
	do some neck exercise.	목 운동	

연습 꽉!

I suggest you take some cough syrup.
기침 시럽을 먹길 권해요.

I suggest you take the pills every four hours.
4시간마다 약을 먹길 권해요.

I suggest you take the rest of the day off.
하루 정도 쉬기를 권해요.

SOS!

생생문화 **10** **여행 중 몸이 아플 때**

여행 중 갑작스럽게 열이 나거나 다칠 수 있는 상황에
병원에 찾아간다는 것은 쉽지 않은 일입니다.

보험도 없을뿐더러 막상 병원에 가도 어디가 아픈지 설명하기 힘들겠죠?

그럴 땐 가까운 'Pharmacy' 혹은 'Drug store'를 찾아봅시다.

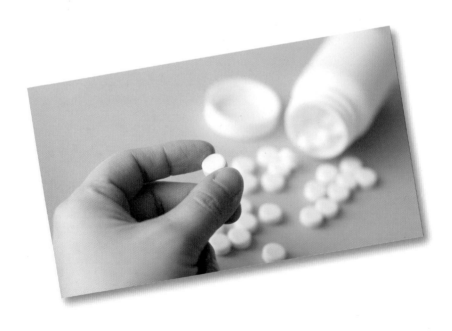

그리고 "I have a" + 다음 단어들만 넣으세요!

감기약 (Cold Medication)

콧물 – Runny nose   기침 – Cough

인후통 – Sore throat   발열 – Fever

진통 (Internal Analgesic)

두통 – Headache   치통 – Toothache

생리통 – Menstrual Cramp   변비 – Constipation

소화불량 – Indigestion   속 쓰림 – Heartburn

위염 – Gastritis   설사 – Diarrhea

연고 (Ointment)

상처– Cuts   타박상 – Bruise

근육통 – Muscle pain   알레르기 – Allergy

01 난 이미 점심 먹었어.
　　　　　　　 had lunch.

02 매일 비타민을 먹는 게 좋을 거야.
　　　　　　　 take some vitamins every day.

03 속도를 좀 줄여야 할 것 같아.
　　　　　　　 slow down.

04 언제 한번 같이 놀자.
　　　　　　　 get together sometime.

05 너와 저녁을 먹고 싶지만 일해야 해.
　　　　　　　 have dinner with you, 　　　　　　　
I have to work.

06 내가 책상에 노트북을 놓고 온 게 분명해.
　　　　　　　 I left my laptop on the table.

07 휴식이 필요해.
　　　　　　　 a rest.

08 이건 좋은 생각 같지 않아.
　　　　　　　 it's a good idea.

09 더 좋은 이유가 있어.
　　　　　　　 a better reason.

10 이건 큰 문제인 것 같아.
　　　　　　　 it's a big problem.

I've already / It's a good idea to / I think you should / Let's / I wish I could, but / I'm sure / I need / I don't think / There is / It seems like

01   10월 5일이야.
         October 5th.

02   거기 어떻게 가나요?
         get there?

03   22 빼기 11은 11이다.
Twenty two   eleven   eleven.

04   찾을 방법이 있나요?
         way to find out?

05   7달러 25센트일겁니다.
         seven twenty five.

06   4:30분에 거기 있을게.
         at four thirty.

07   취향에 따라 달라.
         your taste.

08   현금이랑 카드로 계산할게요.
         card and cash.

09   이걸 끝내는데 5시간이나 걸렸어.
         five hours to finish this.

10   1983년에 태어났어.
         Nineteen eighty three.

It's / How can I / minus, equals / Is there any / It's going to be / I'll be there / It depends on / I'll pay with / I spent / I was born in

01 면허증을 볼 수 있을까요?

⬛⬛⬛⬛⬛ your driver's license?

02 나 남자 친구 없어.

⬛⬛⬛⬛⬛ boyfriend.

03 살 때문에 걱정돼 .

⬛⬛⬛⬛⬛ gaining weight.

04 방세가 얼마에요?

⬛⬛⬛⬛⬛ the rent?

05 나한테 사과하지 않아도 돼.

⬛⬛⬛⬛⬛ apologize to me.

06 나 영어 공부하고 싶어.

⬛⬛⬛⬛⬛ studying English.

07 학원 가는데 얼마나 걸려요?

⬛⬛⬛⬛⬛ get to class?

08 제 친구를 찾고 있어요.

⬛⬛⬛⬛⬛ my friend.

09 영어 공부를 꼭 하도록 하세요.

⬛⬛⬛⬛⬛ you study English.

10 물어보는 게 좋을 거야.

⬛⬛⬛⬛⬛ ask.

Part 04 취미활동 (Hobbies and Activities)

01 내 말은, 난 당신을 사랑해요.
    I love you.

02 유령을 보고 싶어?
    a ghost?

03 솔직하게 말씀드려도 괜찮을까요?
    if I speak frankly?

04 비밀번호를 바꾸는 걸 잊었어.
    change my password.

05 그게 사실이란 걸 어떻게 알아요?
    it's true?

06 우리 택시를 타는 게 어때?
    take a taxi?

07 회사 그만둘까 생각 중이야.
    quitting my company.

08 다른 사람 같아 보여.
    a different person.

09 난 혼자 여행 하는 거 좋아해.
    traveling alone.

10 그녀에 대해 신경 안 써.
    about her.

Part 05 전공과목 (Courses and Subjects)

01 날 어떻게 찾았니?
⬜⬜⬜⬜⬜ find me?

02 언제 한국을 떠났어?
⬜⬜⬜⬜⬜ leave Korea?

03 네가 해냈다니 기뻐.
⬜⬜⬜⬜⬜ that you made it.

04 난 야채가 싫어.
⬜⬜⬜⬜⬜ vegetables.

05 가족을 사랑해.
⬜⬜⬜⬜⬜ my family.

06 숙제를 안 가져왔어.
⬜⬜⬜⬜⬜ bring my homework.

07 무조건 사진을 찍어야 해.
⬜⬜⬜⬜⬜ take a picture.

08 난 배우는 거 좋아해.
⬜⬜⬜⬜⬜ learn things.

09 난 나 자신에게 만족해.
⬜⬜⬜⬜⬜ myself.

10 넌 절대 그렇게 말하면 안 돼.
⬜⬜⬜⬜⬜ say things like that.

01 영어 공부를 하는 게 좋을 거야.

（　　　　） study English.

02 너는 나의 가장 친한 친구인 것 같아.

（　　　　） you are my best friend.

03 그가 프랑스에 간다고 들었어.

（　　　　） he's going to France.

04 전화 중이야.

（　　　　） the phone.

05 중국에 살았었어.

（　　　　） live in China.

06 난 요리 잘해.

（　　　　） cooking.

07 오늘 저녁 먹는 거 어때?

（　　　　） dinner tonight?

08 질문 있어요?

（　　　　） any questions?

09 그분의 책을 읽고 싶어.

（　　　　） read his books.

10 네가 학교에 가는 게 중요해.

（　　　　） go to school.

You should / I think / I've heard that / I'm on / I used to / I'm good at / How about / Do you have / I'd love to / It's important for you to

Part 07 식생활 (Food and Life)

01 떠나기로 했어.
　　　　　　 leave.

02 다른 노래가 있을 거야.
　　　　　　 another song.

03 너 훨씬 예쁘구나.
　　　　　　 prettier.

04 투자할 만해.
　　　　　　 investing.

05 그는 계속해서 나한테 이메일을 보냈어.
　　　　　　 sending me an E-mail.

06 피자 먹을래요?
　　　　　　 some pizza?

07 할머니네 갈 계획이야?
　　　　　　 visit your grandma?

08 정말 아름다운 세상이야.
　　　　　　 wonderful world!

09 밥 먹는 거 그만둘 거야.
　　　　　　 eating rice.

10 물은 가장 중요한 것 중 하나야.
Water 　　　　　　 most important thing.

278

Part 08　야외활동 (Outdoor Activities)

01　뭐가 중요한 것 같아?
　　　　　　　　important?

02　내게 필요한 건 기회일 뿐이야.
　　　　　　　　a chance.

03　여권 좀 확인할게요.
　　　　　　　　check your passport.

04　아마 좋은 생각일 거야.
　　　　　　　　be a good idea.

05　네가 나에게 한 번 더 기회를 줄 수 있는지 궁금해.
　　　　　　　　give me one more chance.

06　얼굴이 왜 그래요?
　　　　　　　　your face?

07　내 상황에 대해서 말해 줄게.
　　　　　　　　my situation.

08　먹을 기분 아니야.
　　　　　　　　eating.

09　나도 그러고 싶지만, 다른 일정이 있어.
　　　　　　　　I have other plans.

10　사랑할 준비가 되었어.
　　　　　　　　a new love.

Part 09 기념일 (An Anniversary)

01 난 여전히 배고파.
    _____ hungry.

02 난 기꺼이 해볼 거야.
    _____ give it a try.

03 당신이 가장 좋아하는 운동은 뭔가요?
    _____ favorite sport?

04 내 목표는 내 사업을 하는 거야.
    _____ start my own business.

05 난 보통 택시를 타.
    I _____ take a taxi.

06 나 막 사실을 말하려던 참이었어.
    _____ tell you the truth.

07 내가 너라면 이 나라를 떠나겠어.
    _____ , I would get out of this country.

08 저 사람 좋은 사람같이 보여.
    _____ a nice guy.

09 그게 맞나요?
    _____ right?

10 내가 해냈다니 믿을 수 없어.
    _____ I made it.

I'm still / I'm willing to / What is your / My goal is to / usually / I was about to / If I were you / He looks like / Is it / I can't believe

01   내 말은, 내가 너를 사랑한다는 거야.

, I love you.

02   제 생일파티 예약하고 싶어요.

a reservation for my birthday party.

03   택시 기사로 일했습니다.

a taxi driver.

04   일일 관광을 예약하고 싶어요.

a one day trip.

05   복잡할 필요 없어요.

complicate.

06   영어로 말할 수 있을까요?

speak English?

07   콜라 좀 부탁해요.

grab me a coke.

08   의사가 되고 싶어요.

be a doctor.

09   늦어서 죄송해요.

being late.

10   이번 주에 뭐 하고 싶어요?

do this weekend?

I mean / I'd like to make / I worked as / I'd like to book / There's no need to / Is it possible to / Please / I want to / I'm sorry for / What do you want to

Part 11 직업 (Jobs)

I'm sick / I'm trying to / That's because / If you have any / Have you heard about / I've decided to / I can't / It sounds like / I can / Who is your

01 난 네가 지긋지긋해.
　　　[＿＿＿＿＿] of you.

02 예전보다 일찍 일어나려고 노력 중이야.
　　　[＿＿＿＿＿] wake up earlier than before.

03 그건 사장님이 싫어하기 때문이야.
　　　[＿＿＿＿＿] my boss hates it.

04 질문 있으면, 편하게 연락해요.
　　　[＿＿＿＿＿] questions, feel free to call me.

05 그 사람 이야기 들었어?
　　　[＿＿＿＿＿] his story?

06 파리에 가기로 결정했어.
　　　[＿＿＿＿＿] go to Paris.

07 먹는 걸 멈출 수 없어.
　　　[＿＿＿＿＿] stop eating.

08 꿈인 것 같이 들려.
　　　[＿＿＿＿＿] a dream.

09 영어 할 수 있어.
　　　[＿＿＿＿＿] speak English.

10 가장 좋아하는 가수는 누구인가요?
　　　[＿＿＿＿＿] favorite singer?

01 언제 여행을 할 건가요?
　　　　　　　　travel?

02 난 완벽히 사용할 수 있어.
　　　　　　　　use it.

03 오늘 밤 내가 리나에게 전화하길 바라나요?
　　　　　　　　call Rina tonight?

04 요리하느라 바빴어.
　　　　　　　　cooking.

05 담배를 끊을 것을 약속해요.
　　　　　　　　I'll quit smoking.

06 그가 나한테 소리 질러서 속상해.
　　　　　　　　he yelled at me.

07 저는 절대로 당신을 보내지 않아요.
　　　　　　　　let you go.

08 어떻게 리나를 만날 건가요?
　　　　　　　　meet Rina?

09 더 많은 돈이 필요해요?
　　　　　　　　more money?

10 괜찮아?
　　　　　　　　alright?

01　나 예전보다 더 나아 보여?

　　　　　　　　better than before?

02　미안하다고 말하는 건 너무 어려워.

　　　　　　　　say "I'm sorry."

03　그녀는 너무 나쁜 여자였어.

　　　　　　　　bad.

04　네가 17살이라니 믿을 수 없어.

　　　　　　　　you're seventeen.

05　네가 웃는 걸 볼 때 가장 행복해.

　　　　　　　　I see your smile.

06　나 좀 들떴었어.

　　　　　　　　excited.

07　난 항상 오빠를 갖고 싶었어.

　　　　　　　　have a brother.

08　네가 거기 있을 줄 알았어.

　　　　　　　　you were there.

09　네 눈이 좋아.

　　　　　　　　eyes.

10　그는 화가 난 것 같아.

　　　　　　　　upset.

Do I look / It's difficult to / She was so / It's unbelievable that / I feel happy when / I was a little / I've always wanted to / I thought / I like your / He seems

Part 14 의사표현 (Expression of Opinion)

01   맞는 말이지만, 난 이걸 살 거야.

       I'll get this.

02   어느 정도 동의는 하지만 사실이 아니에요.

       it's not true.

03   제 의견으로, 그들은 정말 대단합니다.

       , they are awesome.

04   넌 여전히 어린 것 같아.

       you are still young.

05   당신이 그것을 목요일까지 끝낼 수 있다고 굳게 믿고 있습니다.

       you could finish it by Thursday.

06   당신의 의견에 절대 동의하지 않습니다.

       your opinion.

07   제가 볼 때 당신은 최선을 다했어요.

       , you did your best.

08   나로서는, 바꿀 수 없어요.

       , I can't change it.

09   나는 그 비디오가 비싸다는 걸 정말로 확신해.

       this video istoo expensive.

10   제 생각에 당신이 틀렸어요.

       , you are wrong.

That's quite true, but / I agree up to a point, but / In my opinion / I feel that / I strongly believe that / I totally disagree with / As I see / As far as I'm concerned / I'm absolutely convinced that / In my view

Part 15 취미와 SNS (Hobbies and SNS)

01 나한테 주는 거 잊지 마.
　　　　　give it back.

02 난 네가 솔직하길 원해.
　　　　　be honest.

03 이별할 시간이야.
　　　　　say good-bye.

04 무엇을 살 건가요?
　　　　　buy/get?

05 문제는, 내가 큰 실수를 했다는 거야.
　　　　　I made a big mistake.

06 당신은 다음 달부터 일하기로 되어 있습니다.
　　　　　work from next month.

07 한국에서 골프 쳐본 적 있나요?
　　　　　played golf in Korea?

08 난 리나와 사귀는 게 지겨워.
　　　　　going out with Rina.

09 내 말이 무슨 뜻인지 알아요?
　　　　　what I mean?

10 네가 영어를 할 수 있다는 게 사실이야?
　　　　　you can speak English?

Part 16 유학/이민 (Studying Abroad/Immigration)

01 읽는 건 끝냈어?

　　　　　　 reading?

02 부담 갖지 말고 저희 집에서 지내세요.

　　　　　　 stay in my house.

03 난 학생들을 가르치는 것을 즐겼어.

　　　　　　 teaching students.

04 당신 말은 그게 싫다는 거예요?

　　　　　　 you hate it?

05 그건 바로 너를 사랑하기 때문이야.

　　　　　　 I love you.

06 그 사람을 피하는 게 좋을 거야.

　　　　　　 that person.

07 당신의 일에 정말로 감사해요.

　　　　　　 your work.

08 언제 만날 것 같아?

　　　　　　 meet?

09 결코, 너를 잊지 않을 거야.

　　　　　　 you.

10 매일 일하는 것에 익숙해.

　　　　　　 to working everyday.

01 사장님을 만나러 왔어요.
                see your boss.

02 커피 마시는 걸 멈출 수 없어.
                drinking coffee.

03 제 사업은 제가 책임질게요.
                my business.

04 더 나은 게 있는지 볼게.
                there's a better one to cover.

05 여자 친구를 찾고 있나요?
                your girlfriend?

06 무엇을 할 건가요?
                to do?

07 네가 누구라고 생각해?
                think you are?

08 내 일에 대해 얘기 하는 거야.
                my job.

09 한 모금만 마셔도 돼?
                a sip?

10 그를 볼 줄은 몰랐어.
                I would see him.

I'm here to / I can't stop / I'll take care of / I'll check if / Are you looking for / What would you like / Who do you / I'm talking about / Can I have / I never thought

288

Part 18 외국인 (Foreigners in Korea)

01 왜 그렇게 심각해?
    _____ you're so serious?

02 널 더 이상 버틸 수가 없어.
    _____ you any more.

03 그게 바로 내가 널 사랑하는 이유야.
    _____ I love you.

04 영어로 말해야 하나요?
    _____ speak English?

05 제가 어디서 놀면 되나요?
    _____ play?

06 다 고마워요.
    _____ everything.

07 오늘 몇 명이나 오나요?
    _____ people are coming today?

08 사장한테 전화해야 해.
    _____ call my boss.

09 뭐 먹을 것 좀 있어?
    _____ eat?

10 이 편지 보내줄 수 있니?
    _____ send this letter?

How come / I can't stand / That's why / Do I have to / Where can I / Thank you for / How many / I have to / Do you have anything to / Can you

01 네 목소리를 들으니 좋다.
　　　　　　 hear your voice.

02 남자친구 빨리 보고 싶다.
　　　　　　 see my boyfriend.

03 걸을 준비 됐어?
　　　　　　 walk?

04 난 여기 오려고 최선을 다했어.
　　　　　　 get here.

05 파티 너무 즐거웠어!
　　　　　　 exciting the party was.

06 충분한 시간이 있을 거야.
　　　　　　 plenty of time.

07 너를 좀 더 도와줄 수 있으면 좋겠어.
　　　　　　 help you more.

08 그가 날 축구를 좋아하게 만들었어.
　　　　　　 love soccer.

09 도와줘서 고마워요.
　　　　　　 help me.

10 너에게 미안해.
　　　　　　 you.

01 이야기하고 싶지 않아.
　　　　　　 talk about it.

02 학교 식당에 대해 어떻게 생각해?
　　　　　　 about our school cafeteria?

03 버스 정류장은 어디 있나요?
　　　　　　 the bus stop?

04 이 문제를 이해할 수 없어.
　　　　　　 this problem.

05 걔네들 소개시켜 주는 게 어때?
　　　　　　 set them up?

06 집에 있길 권해요.
　　　　　　 stay home.

07 수영장 안에 있어요.
　　　　　　 the pool.

08 비밀로 해주길 바라요.
　　　　　　 keep it a secret.

09 꿈이 있어.
　　　　　　 a dream.

10 누가 전화할 건가요?
　　　　　　 call?

다시 시작하는 영어

다시영

200패턴
영어회화